U0099248

比較國民教育

雷國鼎著

學歷：美國哥倫比亞大學研究

現職：臺灣師範大學教育學院院長

三民書局印行

中華民國六十七年五月初版
中華民國七十年十月再版

比較國民教育

基本定價 叁元壹角壹分

著作者 雷國鼎
發行人 劉振强
出版者 國立教育資料館
印刷所 三民書局股份有限公司
臺北市重慶南路一段六十一號
郵政劃撥九九九八號

行政院新聞局登記證局版臺業字第〇二〇〇號

比較國民教育
編號 S 52035
三民書局

編印教育叢書序

教育是國家民族百年的根本大計。總統　蔣公曾一再昭示：「要造成新的國家，必先建立新的社會；要造成新的社會，必先建立新的鄉村；要造成新的鄉村，必先建立新的人民；要造成新的人民，必先建立新的教育。」古今中外，凡謀國者，欲求其國之强、民之富，必先自教育始。

教育事業，是一種創造性、生長性的事業；而教育問題，經緯萬端，具有連環性。時代不斷進步，社會不時變遷；舊的問題甫告解決，新的問題又踵接而來；新的理論方始建立，而更新的觀念又將之取代。作為一個教育工作者，如何在瞬息萬變的時代中，面對着變動不居的社會，作新時代的尖兵，為新時代的先導；肩負繼往開來，救國建國的重責大任，有賴於對專業知能的不斷追求與充實。

本館為應教育工作同仁的需求與願望，陸續編印一系列教育叢書，除供一般教育研究資料外，對新教育的理論與實際，新教育方法與技術，作有系統的介紹；而其取材，在配合各級學校的實際需要、與當前教育改革的重大決策與措施；理論與實際結合，力謀教育事業的發展與成功！

本叢書係邀請國內外教育專家學者執筆，並請學術界先進審校，我們不敢說每一篇頁都具「不共」的真理，但無疑的是每位作者深厚學養、智慧，和其平生對教育學術研究所得的心血結晶。深信必能為有志從事教育研究者，提供有價值的參考，這是我們的願望！

謹向參與本叢書編著的作者、審訂者致謝。尤盼教育界碩彥先進提供卓見，俾資改進！

陳嘉言　謹識

中華民國六十七年三月十九日

於國立教育資料館

自　序

夫教育足以開啓潛能，實現自我，本乎國策，作育英才。其可貴處，卽為個人目的與國家理想，皆可達成也。

國民教育，國家之教育也。就宗旨言，在於培養建國人才；就手段言，嘗取義務就學；就對象言，包擧全國人民；就作用言，提高國民素質。要之，國家為培植幹才，設置公立學校，採取强迫手段，以確保全民教育之權益，此之謂國民教育。

當今列國，類皆設立中小學，實施國民教育，而以職業教育、補習教育為輔。於內容則人文陶冶與職業預備兼而有之；於方法則理論傳授與實地操作，相偕並進；期限與中小學教育年限相若，或延伸至高等教育階段；費用則免納學費，甚且減免在學所需之一切費用。今後趨勢，國家將竭盡所能，力求教育機會之均等。

本書分上下兩篇，分章論列。上篇撮述美、英、法、德、義、俄、日等七國之國民教育機關設施及義務教育概況，殿以各國國民教育之特色及其共同趨勢。下篇側重我國國民教育制度之改進，而以我國國民教育發展之途徑作結。內容力求簡要，立場但重客觀，務使讀者對各先進國家之國民教育真相，有明確之認識後，而於我國當前國民教育之發展，知所去從矣。

中華民國六十七年四月清明節雷國鼎識於國立台灣師範大學教育學院

比較國民教育 目錄

上篇　各國國民教育設施的研究

第一章　美國國民教育

第二章　英國國民教育

第三章　法國國民教育

第四章　西德國民教育

第五章　義大利國民教育

第六章　蘇俄國民教育

第七章　日本國民教育

第八章　國民教育的綜合比較

下篇　我國國民教育制度的改進

第一章　我國國民教育制度的演進

第二章　九年國民教育的法律依據

第三章　國民中小學的課程問題

第四章　國民中小學師資的培育

第五章　國民中小學教學方法的革新

第六章　國民中小學指導活動的實施

第七章　國民中小學校舍建築及設備

第八章　我國國民教育應有的路徑

上篇　各國國民敎育設施的研究

第一章　美國國民教育

第一節　國民教育機關的設施

美國國民敎育機關，卽爲公立小學及中學，玆將二機構之敎育設施，約略言之如次：

一、公立小學

美國公立小學的中心工作，在於實施美國公民的敎育。教學科目，有語言藝術的基本技能——讀、寫、講、聽，更有全體公民必須具備的算術概要。至於基本的習慣、理想、態度，以及技能與知識，亦爲每一公民所必需。所以公立學校的目的，乃是使每個人都能適應社會與國家的生活，進而成爲一個自治及自我指導的公民。

全國各地小學，其學日的長短，各州不一，最普通的情況，爲上午九時至十二時，下午一至三時半，每週星期一至星期五，爲授課時間。低年級的學日，通例由三十分鐘至一小時不等。

美國的學校，與有些國家的情況不同，並無一種規定的日課表，將每種學科在一日或一週之內，固定爲多少分鐘，將若干科目統合或混合爲一種較大的教學單元，此種手續，難於管理。依照規定的時間，分配活動的程序，此種辦法，早經廢除。在美國有一種趨勢，便是增加社會學科，及自然學科的教學時間，而減少讀、寫、算在教學時間上所佔的比例。

大多數的美國小學，均有家庭作業的規定。惟自二十世紀初期開始，即有減少家庭作業的趨勢，甚至根本廢止家庭作業。依據研究的結果，認爲兒童在校的進步與家庭作業時間之多寡，毫無關係。所以，目前有一種趨勢，便是鼓勵兒童從事一種娛樂性或類似的家庭自由作業，如此，不但可使學生對於教室的各種活動感覺興趣，且可養成學生善用閒暇的習慣。

在一般舊式的小學中，以往所授的科目，今日看來，對於一名中材的學生，大都感覺太難，同時也認爲這些科目，在個人學校生活中，開始學習的時間，似嫌過早。在此種情況下，大部分的學習，所獲得的祇是文字上的成就，對於兒童的實際生活，毫無補益。所以預備原則的應用，絕不能以閱讀爲限。目前大多數的小學，將正式教算術的時間，延遲一年或二年，而不在一年級開始教學。所有的小學，在課程中，一律增加社會研究，而將以往分別設置的地理、歷史、及公民等科目，延至初級中學時代或初中以後，才開始教學。

目前，美國的特殊兒童，大都由公私立走讀學校 (Day School) 及公私立寄宿學校，分別施行矯治教育。其中尤以地方公立走讀學校，對於特殊兒童的教育，負有重大的職責。惟情況較爲嚴重的缺陷兒童，則送入寄宿學校受教。

近年來，各州教育廳，對於所轄之學區，於實施缺陷兒童教育時，每多給予技術的指導及經費的補助。美國境內已有四十七州、哥倫比亞區、關島及巴拿馬運河地帶，設置特殊兒童教育的輔導員或行政主管人員。據估計，目前每一州至少設置三名以上的人員，專司特殊兒童教育的輔導之責。

一般地方學區，大都設置一種特殊教育處 (Department of Special Education)，負責指導轄區內各公立走讀學校的特殊兒童教育事宜。普通公立中小學校舍內，類皆設有特殊學校及特殊班級，爲身心缺陷的兒童，實施矯治教育。有時，某些類型的特殊教育，則附設於正規班級內，使特殊兒童與正常兒童共同作息，只不過對於特殊兒童更加注意而已。例如若干語言障礙或聽覺稍有缺陷的兒童，通常係由正規學校，曾受特殊專業教育的教員，於一定時間內，對於此等兒童施以語言矯正或唇讀法 (Lipreading lessons) 的教育。

大多數的學校，均爲語言缺陷及心智遲鈍的兒童，擬訂特殊教育計畫，實施矯治教育。有的學區，常於所轄區內公立中小學附設特殊班級，爲智商在五十至七十五之間的智能不足兒童，實施特殊教學。此等智能不足兒童，大都各依能力，學習一般基本科目，不單內容淺鮮，課本篇幅亦較正常兒童所用者爲少。其中有些學校，側重此等兒童之社會及職業能力的發展。有的學校，又使此等兒童得有與正常兒童共同參與某些活動的機會。更有若干地方學區，爲智商在三十至五十之間的智能不足兒童，設置特殊班級，施以特殊教育。

一般公立走讀學校，爲殘障、大腦痳痺、心臟病及身體具有其他疾病的兒童，設置班級施以特殊教育，極爲常見。至於特殊學校，類多備有物理治療特殊座椅、斜面器材及肌肉治療等設備。有的地方學區，則於公立中小學內，設置特殊班級或特殊單位，以收容此等缺陷兒童。有的地方學區，又與社區內之衞生及福利等機構合作，爲此等缺陷兒童，從事必要之服務。一般言之，具有嚴重缺陷的兒童，就學於特殊學校或特殊班級，多無期限限制；惟缺陷輕微的兒童，大都只在特殊學校或特殊班級，接受數月或數年之矯治教育。此等兒童往返學校，所需交通工具，悉由地方學區免費供應。

最近，有的地方學區尙指派教師前往轄區內缺陷兒童的家庭，施以矯治教育；同時，一般公私立醫院，亦免費爲此等教師，解決技術上的困難。有的州政府，對於此項教學活動，每給予經濟上的補助。

大部分的盲聾兒童，多在寄宿學校受教；惟邇來各地方學區，常設置公立走讀學校或班級，收容盲聾兒童或部分盲和聽覺障礙兒童。

大多數的小學，對於社會及情緒不良適應的兒童，均予以特別照顧。若干都市並設置特別班，專門收受此等不良適應之兒童。有的學區，則由正規中小學，延請學校社會工作人員或學校心理學家（School Psychologists）專司此等兒童教育之責。有時，尙接受學校或社區內指導診所（Guidance Clinic）的協助，舉凡情況嚴重的社會不良適應或過失兒童，則送入州立寄宿學校施教。

美國地方教育當局，對於資賦優異兒童的教育，素極注意。有的學區，在正規中小學內，爲資賦優異兒童施以特殊教育；有的都市，則設置特殊學校或班級，對資賦優異兒童，實施全日制或部分時間制的專門教育。有的學區，又制定特殊計畫，使一般資賦優異兒童，在校內得有加速之進步。若干規模較大的中學，則容許資賦優異兒童，在個人興趣範圍內，選習高深科目，藉以提高其知識水準。

一般公立寄宿學校，學生註册人數，其中特殊兒童所佔之比率，各校不一。惟任何一州，均設有若干寄宿學校，專門收受缺陷兒童。在寄宿學校中，以收容盲、聾、心智遲鈍及行爲過失等四種兒童者，佔絕大多數。近年來，收容特殊兒童的私立寄宿學校，亦普遍設置。惟美國一般社會人士，咸以爲特殊兒童的教育責任，應由走讀學校肩負。各州政府對於本州內各地方學區所實施之特殊兒童教育事項，亦給予經費上的補助。足見特殊兒童教育，已深受美國朝野人士的重視。

二、公立中學

美國義務教育年限，各州不一，絕大多數的州，均實施九年的免費教育，所以美國公立國民中學，即是普通的初級中學。玆就美國公立初級中學的教育設施，略予敍述。

一八九〇年，大多數的州，都認爲八——四制爲初等及中等教育階段內一種良好的制度，前哈佛大學校長艾略特(Charles William Eliot)，對於此種制度，却有批評，並主張縮短初等教育的年限。若干著名的研究中等教育的委員會，亦建議中等教育，應由第七學年開始。於是，在一九〇九年，與一九一〇年，先後於俄亥俄州的首邑哥倫布 (Columbus) 及加利福尼亞州的柏克萊 (Berkeley) 市，正式成立第一所初級中學。

初級中學，爲適應前期或十二至十五歲間青年的需要，而實施一種適當的教育計畫的機構，通例包括第七、第八及第九學年，另建校舍並自有其行政組織。然而，一切有關初級中學的文獻，均特別强調初級中學是實施一種特殊教育及心理學理論的一個教育計畫，而不是一種特殊的學級管理，校舍建築，或行政設施。

一種典型的美國初中課程，較之於以往小學七年級與八年級，或四年制中學九年級的課程，更爲廣博。此種學校，大都採用混合課程，最普通的有英語及社會研究，社會研究與科學，或英語、社會研究及科學等混合科目。此等混合科目的教學期限，通例較一般科目爲長，且多爲同一教員所擔任。最近，有一種趨勢，便是類如科學、社會研究、英語、美術、音樂、家事及工藝等相關科目，多半採用大單元教學法。

各科教學方法，仍如分科教學時所用之方法一樣，祇不過較以往更爲概括而已。英語或語文學 (Language Arts)，即是文學、文法、寫字、拼音及說話之混合。社會研究，則包括歷史、地理、政府、社會問題、公民訓練及東方問題研究等科目。普通科學，為一般初級中學普遍設置之科目，其內容包括地理、生物、物理及天文。數學一科，在七、八年級授算術，九年級則授普通數學。有些學生，在高級中學時期勿須習數學，故初級中學高年級，即增授商業數學。勞作 (General Shop)，亦為初級中學普遍設置之科目，其內容包括木工、工藝、金工及科學之實際應用。普通家事科目，則為以往分科教學的烹調及縫級之混合。

初級中學的教育行政當局，曾將此一階段的教育所具之特殊功能，列舉如下:

(1) 試探學生的興趣、能力及特殊才能;

(2) 使學生有試探各科主要學習領域的機會，俾便進入高級中學時，對於選修科目，能作睿智之抉擇;

(3) 完整之學習;

(4) 教育與職業指導;

(5) 初等與中等教育聯繫之改善;

(6) 個性化的教育;

(7) 社會化。

初級中學所開的課程，大多數學校除九年級設有選修科目外，三年之內，多為共同必修科目。一般學校大都規定英語及社會研究，必須連續設置三年。數學、普通科學、外國語、美術、音樂、家事及勞作，則為九年級的選修科目。

教學程序適於個別教學之實施。最近，在一般實際問題方面，正在進行廣泛之試驗，如長單元的作業指定 (Long-unit assignments)，契約與設計法，最高與最低限度的作業指定，依能力等級採用不同的教科書，以及擴大使用圖書館的資料等是。一般課程，通例祇提示某一科目最低限度的內容，使教員有增加教材及經驗的較大自由。

課外活動，在初級中學內，至爲重要。蓋課外活動，不特有助於學校之試探功能，且能實施領袖及公民訓練，倘若年幼的學生，就學於四年制或六年制的中學，必定沒沒無聞，所有領導職位的職務，悉爲高班學生所壟斷，此種領袖及公民訓練，必將受到遷延的影響。

美國的中學，就歷史發展言，大體分爲四個時期，即拉丁文法學校(Latin Grammar School)時期，徵收學費的舊制中學 (Tuition Academy) 時期，免費公立中學 (Free Public High School) 時期，及擴充或改組的中學 (Extended or Reorganized Secondary School) 時期。自一八八〇年起，美國的中學在學校數目及學生人數上，均有顯著的增加，在可見及的將來，仍有日益增加的趨勢。目前，美國中學年齡階段的青年，約有百分之八十五已入學受教，其中學階段就學人數比率之高，幾爲全世界之冠。

美國中等教育目標，雖無全國統一的規定，惟歷年來各教育學術團體及教育學者，次第發表研究心得，其中較爲重要者，有中等教育改進委員會於一九一八年提出的「七大重要原則」(Seven Cardinal Principles)，即：(1) 健康；(2) 具備基本知能；(3) 家庭中賢良分子；(4) 職業效能；(5) 公民資格；(6) 善用閒暇；(7) 道德的品格。一九四七年美國中學校長協會 (National Association of Secondary School Principals) 提出的「青年十大迫切需要」(Ten Imperative Needs of Youth)，即：(1) 所有青年必須獲得有益的知識、技能及態度，期能參與經濟生活，成爲社會上的生產分子；(2) 所有青年必須養成健全的身心；(3) 所有青年必須了解民主社會中公民的權利及義務，並樂於承擔公民的責任，成爲社會中的善良分子，國家的優秀國民，世界的良好公民；(4) 所有青年必須了解家庭對個人及社會之重要性，並洞悉如何始能獲得美滿的家庭生活；（5）所有青年必須了解如何選購貨物，及如何使用物品；（6）所有青年必須了解科學方法，科學對於人類生活之影響，以及關於人類自然的科學知識；（7）所有青年必須發展其鑑賞力，期能鑑賞文學、美術、音樂及自然之美；（8）所有青年必須善用閒暇，支配閒暇時間，以從事有益身心及社會的活動；（9）所有青年必須養成尊重別人的態度，遵守道德的標準，並能以合作的態度，與他人共同生活，共同工作；（10）所有青年必須培養其合理的思考力，清晰的發表力，有效的閱讀力及良好的聽講力。一九五八年美國學校行政人員協會年鑑委員會（American Association of School Administrators Yearbook Commission）發表「變動世界中的中學」（The High School in a Changing World）（註一）一文中，提出「二大基本目標」（Two Fundamental Purposes）：（1）使個體的心智、道德、情緒及體力獲得最高之發展，以享受豐富的個人生活；（2）使個體的能力及希望獲得最高之發展，期能對全人類為最大之貢獻。目前美國中學教育設施，深受一般社會人士之重視，故對中學之研究與批評層出不窮，致使美國中等教育已產生實質上的改變。

關於中等學校的類型，現今最盛行的中學，厥為四年制中學、六年制中學、初級中學、高級中學及初級學院等。至於初級學院的性質，仍在爭論中，有人視為中等教育的向上延伸，有人稱為高等教育的變形。姑不論觀點如何，在可預見的將來，初級學院必將迅速的發展。

中等教育機關除為優異學生預備升大學之外，並對全體美國青年實施普通教育，及若干不擬升大學之青年，從事實際生活之研究。故在一般中學課程內，增設不少的新興科目。目前各中學的指導活動，尤受普

註一　引自 Chris A. De Young and R. Wynn: American Education, 1964, pp. 175–176.

遍的重視。至於美國中等敎育發展的趨勢，極難確切說明，兹就犖犖大端，言之如次：

(一) 在各級學校中，最受社會人士重視者，厥爲中學；學生家長及一般公民對於中學敎育設施的興趣，已達到曠古未有的程度。

(二) 從事各項有計畫的實驗及研究，以求敎材敎法之改進；凡能擴大敎師服務工作的一切有效方法，均在優先考慮中，電視敎學卽爲其中之一。

(三) 基於工業、經濟、文化及政治等各方面的進展，中學課程迭加修訂；其中尤以數學、科學及外國語等科目之改變爲多。

(四) 從事由小學至大學階段，各類敎材敎法之改進，使各級學校得有更密切之聯繫；增加聯繫的方法，不外擧辦研習會、討論會、相互觀摩，以及各級學校敎師間的密切合作等。

(五) 中學畢業生的課程單位總數及所有中學生在某些科目方面的敎學時數，已普遍增加，其中尤以數學及科學爲然。

(六) 美學中等學校的留生力 (Holding power) 普遍增加；每年入中學及中學畢業的青年，在人數比率上，亦逐年增高。

(七) 各中學的指導活動，日益普遍，指導時間，亦逐漸增加；團體及個別測驗，固大有改進，指導記錄卡及其他用於評鑑和諮商所需之器材，尤普遍採用。

(八) 對於佔美國中學生總額百分之十五的學業及工作優異的學生所施的敎育，日有改進，其敎育效能亦大爲增高；目前美國中學階段，不但優異學生人數普遍增加，且此等學生之進步亦極神速；蓋一般優異學生所受敎育之內容，較之以往充實良多。

(九) 現代語、數學及科學等科目之敎學，深受重視；並於此等科目領域內增設新與科目，使學業優異的學生，得有從事高深研究之機會。

（十）爲增進美國中學生，對於世界各國人民生活及學術文化之了解，乃使學生研究外國文學、世界史地，及現代外國語。

（十一）設置英文及數學矯正班，對於缺乏基本閱讀、寫字及計算技能的學生，施以矯治教育。

第二節　義務教育實施概況

美國各州均自訂强迫入學法令，惟有關入學年齡及每年在學日數，彼此不一。一八五二年麻薩諸塞 (Massachusetts) 州首先通過强迫入學法，規定年在八至十二歲的兒童，必須入學，每年至少受十二週的教育。至一八八九年，制定强迫入學法者，計達二十五州；迨一九二〇年，密士失必 (Mississippi) 州通過强迫入學法後，全美各州，均已普遍實施矣。

至於各州實施强迫入學的方法，亦各不相同。較大區域，專設督促入學的單位，主辦學校兒童調查及强迫入學等事項。另置勸學員若干人，專司訪問兒童家庭及考察其入學情況之責；並研究兒童荒學的原因，通知各年級的教師及家長，促其改進教學及教養方法，務期適於兒童身心之發展。必要時更設特殊班級或特殊學校，以實施特殊教學。

一般鄉村學校的入學情況，每較城鎮學校爲差。或因氣候不良，或因距離過遠，交通不便；甚或疾病較多，及課程教學欠佳等所致。

現今美國各州義務教育期限，長則十二年，短則八年，而以九年爲常。凡受滿義務教育不擬繼續升學者，即可持「就業通知單」(Working papers)，前往指定機關就業。大部分的州，尚有一種特殊的規定，即年在十八歲以下之就業青年，仍須入補習班或部分時間學校，接受二年以上義務性的職業補習教育。一般補習班或部分時間學校，每週授課多爲八小時。

全國五十州，類多規定中學及小學爲免費教育。故直至十二年級或十四年級止，均一律免費。各州對於違犯義務教育法令者，多有不同的規定。其中有若干州卽作如下之規定：假若因爲父母無知而未送子女就學，卽將父母强迫送入「父母學校」之類的特殊機關，受一種改造教育。

關於免除義務教育的條件，各州規定不一。概括言之，有下列數端：

一、身心有缺陷者；

二、兒童家庭距離學校過遠者；

三、曾在家庭或私立學校受教者；

四、必須從事工作者。

然而也有若干州認爲第二、第四兩項理由欠充分，而予以否定者。大多數的州，都設有各種特殊學校或班級、寄宿學校、醫院以及函授學校和家庭等機關，爲身心有缺陷，或有其他困難的兒童，辦理適當的補習教育。所需經費，則由州政府負擔全部或一部。

第二章 英國國民教育

第一節 國民教育機關的設施

英國國民教育機關，包括小學教育階段的幼兒學校、初級學校，及中等教育階段內的前五年。換言之，英國的義務教育，由五歲開始，至十六歲止，共計十一年。

一、幼兒學校

英國幼兒教育機關，計分三類:

(一) 單獨設立的幼兒學校;

(二) 小學附設幼兒部 (Infant department);

(三) 幼兒部及初級部合設的學校 (Combined Infant and Junior School)。

據一九七七年統計，全國計有六千二百所小學附設幼兒部; 又據同年統計，設有幼兒部及初級部的小學 (Primary Schools Containing both Infant and Junior Departments)，全國共有一萬九千所。此等小學，其規模較大者，通例每一部各設主任教師 (Head teacher) 一人; 規模較小者，置主任教師一人，兼理兩部事務。

英國幼兒學校，已有一百六十餘年的歷史; 一八一六年，英人歐文 (Robert Owen) 於新蘭那克 (New Lanark) 地方，爲其職工子女，創設一所幼兒學校。嗣經魏德斯賓 (Samuel Wilderspin) 之鼓吹，遂遍及全國各地。(註二) 此一學校之職能，載於一九三三年英國教育部評議委員會 (Board of Education's Consultative Committee) 所提報告「幼兒及保育學校」(Infant and Nursery Schools) 一書內:「使五歲至七歲間的兒童，獲得健全的生長，以及身體、知識、精神和道德之發展。」至於幼兒學校的課程，據一九三一年該會發表之「小學報告書」(Report on the Primary School) 稱:「課程應爲活動及經驗，而非知識之獲得與事實之貯藏。」此項活動，須包括宗教教育，自然活動 (體育、戶外生活、休息及遊戲。)，發表訓練 (expression training，即說話、舞蹈、唱歌、手工及繪畫。)，以及讀、寫、算的正式教學。此外，尙須提供團體及個別活動的機會。(註三)

一般幼兒學校，大都男女同校，祇有少數學校例外。第一學年稱爲「接待班」(Reception Class)，其教學活動，與保育學校相似。通常於教室內，放置種類繁多的教學用品或教具，令兒童自由使用，在使用過程中，兒童卽可獲得簡易的閱讀及計數知識，學習繪畫及着色，了解度量及買賣，運用彫刻、剪裁及其他工具。音樂、舞蹈、及韻律活動，亦爲重要之教育項目。對於年齡稍長的兒童，其教學方法，逐年不同。有的教師採用正式的教學，有的教師則繼續從事個別及團體活動。惟近年來一般幼兒學校教師，漸有沿用家庭團體 (Family grouping) 教學法者，質言之，卽將五至七歲之幼兒，不分年級，集合於一班，實施混合教學，以破除傳統之依年齡分級的制度。(註四)

註二　詳見 I. L. Kandel: The New Era in Education, 1955. p.211.

註三　同註二 p. 212.

註四　參閱 Institute for Development of Educational Activities (IDEA): The British Infant School, 1969. p. 6.

二、初級學校

依一九四四教育法案 (Education Act, 1944) 第八條第一款所載: 小學教育 (Primary education), 係「適合幼童需要之教育」。所謂「幼童」(Junior Pupil), 據同法第一一四條之詮釋: 爲「未滿十二歲之兒童」。惟此一法案付諸實施後, 文法中學指陳, 由於前述定義之解釋, 乃使年滿十一足歲已達中學年齡之兒童, 仍留小學受敎。故一九四八敎育法案 (Education Act, 1948) 第三條, 對於小學敎育的定義, 遂作如次之修正: 「係適於未滿十歲另六個月幼童之需要的全時敎育 (Full-time education), 與大已屆上述年齡但便於和年齡較小者共同受敎之幼童, 接受適合其需要的全時敎育。」依據前述兩種法案有關「幼童」之定義, 可知英國人之解釋, 極爲明確, 所謂小學敎育, 其年齡極限, 或爲十歲另六個月或爲未滿十二足歲者。

惟一九六四教育法案 (Education Act, 1964) 載明, 得授權地方敎育當局及非官方團體, 設置學校不受上述年齡極限 (Age-limits) 之約束; 據該法案第一條規定: 「得申請爲十歲另六個月以下及十二歲以上之兒童, 設立學校。」英國敎育科學大臣, 並已核准設置「中間學校」(Middle School) 之計畫, 此類學校稱之謂小學或中學 (Primary School or Secondary School) 均可。不過一九六四敎育法案祇有准予設立之規定, 並無設置此類學校之法律義務。近年來英國各地紛紛計劃設置八至十二歲或九至十三歲之中間學校; 至一九七七年年底止, 已有三十四個地方敎育行政機關, 計劃於轄區內設置中間學校, 其中二十五所中間學校, 已獲敎育科學大臣核准。

初級學校係構成英國小學敎育階段第三部分之學校 (註五), 招收幼

註五　同註二 p. 213

兒學校畢業年達七歲以上之兒童，而於十一歲以上升入中等學校。因此初級學校在公立學校制度中負有公共基礎學校 (Common Foundation School) 之任務。早在一九一八教育法案 (Education Act, 1918) 中卽有此一制度之構想，嗣於一九二六年評議委員會 (Consulative Committee) 所提「青年教育」 (Education of the Adolescent, 1926) 報告中，乃爲正式之建議。自此以後，英國各地逐漸次設置初級學校及高級學校 (Senior School)，且限制後者之卒業生升入文法中學或中央學校 (Central School)。直至一九四四教育法案頒布後，類此之改組，仍未停止，唯一之進步，乃將高級學校改組爲現代中學 (Secondary Modern School)，而不屬於初等學校法 (Elementary School Code) 範圍內。嗣因校舍之不足，建築人員及材料之缺乏，與夫戰後人口出生率之激增，遂使此一制度之改造，一再延遲。惟英國中等教育全民化 (secondary education for all) 之要求，日益迫切，以致初級學校之設施，深受社會人士之重視。

初級學校，旨在使各個兒童獲致完美之發展 (All-round development)，故一切教育活動，側重本期兒童智能之啓廸，不以下一階段之預備爲依據。遠在一九四四教育法案頒布以前，卽因文法中學之學額有限，遂致入學競爭，十分激烈；一般初級學校的家長，大都期望子女順利進入文法中學，致使初級學校後一階段之教學，深受升學主義的影響，而難趨於正常化。此種情況，迄今仍未獲致有效之改進。

英國初級學校，一如其他學校，教育科學部旣未訂頒初級學校之課程，亦不規定其教學綱領或教學方法；此等學校之行政大權，全然操諸主任教員 (Head teacher) 之手，舉凡學生之分級，教師之輔導，課程及教材之編選，以及科目表之排列，均由主任教員負責，必要時則與校內同事商同辦理。由於各校主任教員之領導作風不一，故其教學實施，兩校完全相同者，極爲罕見。

近年來由於保育學校及幼兒學校的迅速發展，乃促使初級學校性質之改變。溯自第一次世界大戰以來，英國的初級學校，不祇是傳授讀、寫、算簡易知識的場所，而爲實施民主制度的機關。造成英國初級學校性質改變的原因固多，其中以受心理學及教育學理論之影響爲最。英國的初級學校，在傳統上側重掃除文盲，鍛鍊心智，及獲得系統的知識，現今則以實施個體之完美訓練（An all-round training of the individual）爲中心。據一九三七年英國中央教育行政機關出版的「公立小學教職員手册」（Handbook of Suggestions for Teachers and Others Concerned in the Work of Public Elementary Schools, 1937）一書，對於英國小學教育的新觀念，曾作如下的詮釋：「我等盡力擴大教育的目的，並注重兒童之社會發展；我等深切體認空間和活動，在獲得及維護兒童健康與活力方面所具之價值，吾人更了解校內傳授之知能與校外遭遇之問題，二者間尤須有密切之聯繫。近年來我等一再發現各科教學之方法，同時我等亦開始獲知吾人尤當了悟兒童本身之學習方法及其必需學習之事物，期使兒童以後之發展，臻於完美及健全之境地。易言之，吾人將由注重學科之傳授，一變而爲側重兒童之教學，此種轉變業已形成。」（註六）

由於小學教育觀念的變遷，英國小學教育目標亦有重大的改變。據「公立小學教職員手册」一書所載，英國初級學校的目標如次：（註七）

（一）提供適合兒童個體及社會發展之環境；

（二）在此一環境中，刺激及指導兒童健全之生長；

註六 參閱Board of Education: Handbook of Suggestions for Teachers, 1937. p.7.

註七 同註六 p. 15.

（三）傳授兒童享受一種美滿生活所需之習慣、技能、知識、與趣及精神態度；

（四）樹立行爲、努力及成就之標準，使兒童得有度量自身行動之依據。

至於初級學校的課程，英國教育部評議委員會於一九三一年出版一種「小學」(The Primary School) 報告書，卽揭示下列之原則：「小學的課程，應該是一種活動與經驗，而非知識之獲得及事實之貯藏。」（註八）惟英國一般教育家認爲在某些階段，活動與經驗須編成科目及科目之敎學，以善用活動及經驗。

第二次世界大戰以後，英國敎育家普遍强調學校敎育應與校外環境保持密切聯繫；咸以爲學校負有訓練兒童認識及了解校外環境的職責。蓋因一般校外環境及其活動，足以增進兒童關於自然、地理及地方歷史之基本原理的知識。各種形式的美術、音樂及手工，其重要性亦不低於英語（說話及寫字）和算術。在英國小學敎育活動中，有一項深受大衆重視的原則，卽是各類活動及科目，首在促進兒童健全之身體發展。故英國小學敎育的主要目的，在於協助年幼兒童之身體健康，盡力使其成爲身體强健、精神活潑的快樂兒童，待其成長，期能具備豐富的經驗，精通生活所需的知識，獲得必要的技能。

至於每學年授業日數，依敎育科學部規定，連同規定之假期，不得少於四十週，其實際授課時間年約二百日。一學年例分三學期，九月至耶誕節爲第一學期，其間放假約三週；一月中旬至復活節爲第二學期，其間休假約二週；復活節後至七月終爲第三學期。其後，則放暑假約五、六週。關於學期起訖日期及每日授課時數，敎育科學部向未硬性規

註八　見Consultative Committee: The Primary School, 1931, p139.

定，由各地方教育行政當局酌情辦理。一般初級學校類皆上午九時授課，下午三時半至四時散學，午間用膳及休息約費一、二小時。

兒童入學除依法免繳學費外，尙由地方教育行政當局免費供應牛乳、午餐及茶點；定期實施兒童健康檢查，如染疾病，並免費爲其治療；凡無交通安排之地區，由政府負擔學童往返交通費；家境清寒之學童，尙由政府補助其服裝費。至於教科用書，則一律免費。

三、中等學校

(一) 綜合中學

近二十年來，英國中等教育的發展，具有兩種明顯的趨勢。其一，單獨設置的文法、技術、及現代等三種中學，寖漸合併爲綜合學校 (Comprehensive School) 或兩科學校 (Bilateral School)；其二，現代中學開設學術性課程，一如文法中學與技術中學然；惟其程度不及後二者之高深。一九五七年萊斯特府 (Leicestershire) 首先進行一種實驗，即將中等教育分爲兩個階段；一九六三年起，其他地方教育行政機關，相繼舉辦類似之實驗。一九六五年，英國工黨政府並敦促各地方教育行政機關，提供中等學校改組爲綜合學校的計畫。至一九六七年，英格蘭及威爾斯境內各地中等學校，大都改制爲綜合中學。

兩科中學，係由文法、技術及現代三種中學之任何兩種混合而成者。若干經「認可」 (recognized) 的學校，合併爲兩科中學，此等中學，規模不大，在所有兩科中學內，所佔比率極小。一般「未認可」 (unrecognized) 的兩科中學，例皆包括規模較大及數量日增的現代中學，此類學校，素來設置「文法」中學的課程，以爲學生參與普通教育證書 (General Certificate of Education) 考試之預備。

綜合中學，據一九四七年英國教育部第一四四號通告解釋：「係不採三分制組織的一種中學，使所在地區全體學童，得以接受全部中等敎育。」(註九) 惟部分設於鄉村的綜合中學，並未實施全部綜合制。此等綜合中學，以男女分校者居多；亦有部分地區，若干家長常將子女送入鄰近的文法中學或獨立學校 (Independent School) 就讀，致使此一地區之綜合中學，難於招收能力優異之學生。自一九六五年敎育科學部第十號通告 (註十) 發布後，綜合中學的涵義及型式，均有變遷。據此一通告所載：「綜合組織，有六種主要型式」，其中祇有一種「一貫制」(All-through) 的學校 (由十一歲至十八歲)，收受「所在地區的全體學童，接受全部綜合型的中等敎育。」其他各種型式的綜合中學，則分由兩校或兩校以上實施中等敎育。

一九五七年，萊斯特府敎育行政當局，首先從事中等敎育階段分爲兩個部分的實驗，每年收受轄區內全體小學畢業生，修業期限，至十四歲止 (亦有至十三歲者)。屆時由學生家長決定，或繼續在中學 (High School，亦稱初級綜合學校 Junior Comprehensive School) 肄業，直至「義務學齡」(Compulsory School Age) 期滿爲止；或轉入文法中學攻讀。如屬後者，一般父母類皆允許子女延長修業期限二年，至十六歲以上。

據一九六五年七月英國敎育科學部第十號通告所載，綜合組織的六種主要型式如下：(註十一)

1. 「一貫制」綜合學校 (All-through Comprehensive School)，肄業期限，由十一歲至十八歲。

註九　參閱 Ministry of Education Circular 144, dated 16th June, 1947.

註十　詳見 Department of Education and Science Circular10/65, dated 12th July, 1965.

註十一　詳見 H.C. Dent: The Educational System of England and Wales, 1969, p. 112.

2.「兩級制」(Two-tier system) 綜合學校，於十一歲時，全體學生均轉入初級綜合學校；於十三或十四歲時，全體學生一律轉入高級綜合學校 (Senior Comprehensive School)。

3.「兩級制」綜合學校，於十一歲時，全體學生轉入初級綜合學校；其中只有少數學生，於十三歲或十四歲轉入高級綜合學校。其餘學生，則繼續於初級綜合學校肄業。

4.「兩級制」綜合學校，於十一歲時，全體學生轉入初級綜合學校，至十三歲或十四歲時，學生得自行選擇，或入高級綜合學校，修業至「義務學齡」期滿時爲止；或入高級綜合學校，肄業至「義務學齡」以上。

5. 獨立綜合學校 (Single Comprehensivc School)，修業限期爲十一至十六歲；另爲十六歲以上之學生，設置後期中學 (Sixth Form College) 的選修課程。

6.「三級制」(Three-tier system) 綜合學校，全體學生於八或九歲時，由小學轉入綜合中間學校 (Comprehensive Middle School)，嗣於十二或十三歲時，轉入修業期限由十二或十三歲至十八歲之綜合學校。

上述六種型式，迄今仍以「一貫制」綜合學校，最爲盛行。

(二) 文法中學

文法學校 (Grammar School)，係英國舊式中等學校，建於十七世紀初葉，歷史悠久，聲譽卓著。言其功能，素重學術教育 (Academic education)，以爲大學教育之基礎。溯自一九〇二年英國中等教育之法定制度建立以來，文法中學即顯示下列之特徵:「連續五年的普通課程，尤重語言（古典語及現代語）、數學及科學之研習，……至第六學級 (Sixth form) 趨向領域狹隘的專精科目 (Intensive Course)，作爲男女青年升入大學之預備。」(註十二) 迄今文法中學課程，仍以適應優秀青年之需要爲主旨。

一般文法中學，例皆設置英語及文學、現代外國語 (法語第一，其次德語，依次爲義大利語，西班牙語，俄語及其他語言。)、古典語 (例爲拉丁文，希臘文次之)、歷史、地理、理論及應用數學、化學、物理、生物 (女校多以生物代物理)、美術，音樂、木工或金工 (男生)，以及家事 (女生)。宗教教育爲必修科目。體育爲各校共同科目，輔以戶外競技、運動及游泳。男校板球 (Cricket) 及足球，最爲盛行，曲棍球 (Hockey) 和草地網球 (Lawn tennis) 次之；女校曲棍球及草地網球最爲女生所喜愛，板球、觸網球 (Netball, 類似籃球的一種遊戲) 及長曲棍球 (Lacrosse) 次之。

除上述科目外，文法中學常爲年長學生設置工程學、工程畫、建築學、經濟學、商業科目 (女校居多) 及哲學。間亦設置花卉、農藝，及園藝等科目。

英國文法中學學生生活的重要特色之一，即是種類繁多的俱樂部及社團組織，幾佔課外活動大部或全部時間。英國教育家鄧特 (H. C. Dent) 於一九四八年，調查英國全國各中等學校學生課外活動項目，多達六十餘種。有設音樂會及戲劇社者，亦有設文學討論會、辯論會及科學研究社者；至於俱樂部，由西洋象棋至登山，由法語或德語俱樂部至滑翔機、滑行艇或空中飛行俱樂部等，樣樣齊備。英國人以爲此等社團活動，除具有內在價值外，尚可訓練青年的責任感，蓋此類活動，均由學生自行組織與管理。此外，一般中等學校爲培育學生的責任感，並建立學生幹事及導生制 (Prefect and Monitor Systems)，學校宿舍 (House)

註十二　參閱 Ministry of Education: The New Secondary Education, 1947, p. 25. (pamphlet no. 9.)

組織，以及集體赴國內外各地旅行觀光；最近，尚成立各種互助會，用以協助年老、體衰、貧病及其他需要援助之人士。

文法中學學生，大都於十五至十八歲間參加普通教育證書 (General Certificate of Education) 考試（屬於校外考試，external examination），故一般文法中學，類皆爲學生作參與此次考試之準備。此一考試，分爲尋常 (Ordinary)、優異 (Advanced) 及奬學金 (Scholarship) 三級 (levels)，其考試不以一組學科爲單元，而以每門學科爲單位，致有學科考試 (Subject examination) 之稱；學生報考之科目，得隨意指定一科或數科，無論通過一科或數科，均可獲得註明及格科目之證書。以往英國中學卒業生，必須參加學校證書 (School Certificate) 及高級學校證書 (Higher School Certificate) 兩重考試，自一九五一年起，始由普通教育證書考試代替。依規定年齡不足十六歲（當年九月一日止）者，不得參與考試，惟經各校主任教員 (Head teacher) 證明，學生已經研習有關考試的科目，不在此限。但一般文法中學年在十六歲以下之學生，大都參加尋常級之考試。

凡通過普通教育證書考試規定之科目及等級者，均可免除大學入學考試 (Entrance examinations) 和各主要職業公會 (Professional Associations) 的初試 (Preliminary examinations)；惟各大學關於入學考試規定，每因院系而異，其最低標準，例皆定爲四科或五科及格，其中至少二科爲優異級。

普通教育證書考試，分由八種考試委員會 (Examining Boards) 舉辦，其中七種爲大學委員會 (University Boards)，一種爲聯合考試委員會 (Associated Examining Board)；後者於一九五三年成立，一九五五年舉行首次考試，係由代表各工商企業組織的倫敦市公會 (City and Guilds of London Institute) 所主辦。

玆將八種考試委員會名稱，開列如后:

1. 南部大學學校考試聯合委員會 (Southern Universities' Joint Board for School Examinations)一由巴斯(Bath)、布律士托(Bristol)、愛克司特 (Exeter)、累丁 (Reading)、蘇士安浦登 (Southampton) 及索立 (Surrey) 等六所大學聯合組成。

2. 劍橋大學地方考試委員會 (University of Cambridge Local Examinations Syndicate)。

3. 倫敦大學入學及學校考試委員會(London University Entrance and School Examinations Council)。

4. 聯合入學考試委員會 (Joint Matriculation Board) 一由曼徹斯特 (Manchester)、利物浦 (Liverpool)、利玆 (Leeds)、雪非爾德 (Sheffield) 及伯明罕 (Birmingham) 等五所大學所組成。

5. 牛津地方考試委員會 (Oxford Local Examinations)。

6. 牛津劍橋學校考試委員會 (Oxford and Cambridge Schools Examinations Board)。

7. 威爾斯聯合教育委員會 (Welsh Joint Education Committee)。

8. 普通教育證書聯合考試委員會 (Associated Examining Board for the General Certificate in Education)。

(三) 技術中學

一九四四法案以前，英國中等教育階段內，實施技術教育的機關，稱爲初級技術學校 (Junior Technical School)，例皆招收小學畢業年滿十三歲之男女生，修業二或三年。此等學校，大都缺乏獨立校舍，而附設於技術專科學校 (Technical College)，招收日間工作，而於夜間攻讀之學生。所修課程，包括數學及有關工商企業之科學，至於普通科目，則有英語、歷史及地理等。此等學校，類皆與地方工商企業機關，保持密切聯繫。一般言之，此等學校成爲英國教育制度中之一單獨部分，其教育設施，則以公立中等學校以外之法令爲依據。

英國各級各類技術教育，較之其他國家稍嫌落後，此或因傳統之藝徒（apprenticeship）訓練及以實際經驗爲依據之升遷辦法，變成妨礙技術教育進步之因素。一九四三年英國政府公布之「教育建設白皮書」（The White Paper on Educational Reconstruction, 1943），卽認爲中等教育階段內，除學術性的文法中學外，缺乏適合優異學生需要的技術教育設施。據白皮書第九頁所載：「學術訓練，並不適合一般受學校證書（School Certificate）之束縛，而邁向狹隘之教育通道（A narrow educational path）及獲得有限機會（A limited field of opportunity）之學生。且世間多數國家之優異學生，大都樂於接受旨在升大學或預備從事行政及文職人員的教育；志願進入訓練工商企業人員爲主旨的學校者，爲數甚微。倘若實施一種教育，而能兼顧兒童與國家雙方的利益，使國家之建設，得有建全之基礎，兒童之能力，獲得正確之發展，則甚善矣。」（註十三）

一九三八年，施賓士委員會（Spens Committee）於其「關於文法學校與技術中學報告書」（The Spens Report on Secondary Education With Special Reference to Grammar Schools and Technical High Schools）中，卽表示其堅定信念：「建立新型之高級技術學校，以別於傳統之文法中學，至爲重要；爲達成此一目的，吾等以爲首須於現制初級技術學校內，設置工程門類的課程；其餘則着重：（1）提供與技術價值毫無關聯的完美智識訓練；（2）實施訓練，不宜與某一特殊職業之技術價值有關，而須與某類職業之技術價值具有關聯性。是故技術學校應

註十三　引自 I. L. Kandel: The New Era in Education, 1955, p. 274.

改制爲技術中學 (Technical High School)，使其地位及其他方面，與文法中學相類。」(註十四)

技術中學之課程，據施賓士委員會表示：「性質力求廣泛，期與其他類型之中等學校課程相若。」(註十五) 易言之，技術中學的任務，並非實施狹隘之職業教育，而係廣博之博雅教育 (Liberal Education)。其科目名稱，雖與文法中學相同，但「技術中學課程之講述、考試及教材教法，則與文法中學有別。」(註十六) 一般言之，技術中學課程，通例包括工程畫、工場實習，與夫視爲「啓示中心」(The Core of Inspiration) 的科學及其應用等科目。

英國技術中學教學科目，各校不一，迄無統一規定。玆擧肯特 (Kent) 府的克瑞谷男子技術中學 (Cray Valley Technical High School for Boys) 課程爲例，以概一斑。該校每週授課五日，每日八節，每節四十分鐘，合計四十節。前四年修習共同科目，第五學年除共同科目外，另設職業分組 (Vocational Groups) 課程；第六學級 (The Sixth Form) 包括第六及第七兩學年，分爲普通教育證書優異級及獎學金級升學預備課程，和普通課程兩類。前者復分工程、科學1、科學2及藝術暨經濟學四組；後者不分組，爲全體學生共同必修。玆將該校前四學年教學科目及每週教學時數，表列如后：(註十七)

註十四　同註十三

註十五　同註十三

註十六　同註十三

註十七　參閱 Richard E. Gross (editor): British Secondary Education, 1965, p. 350.

科目 時數 年級	宗教教育	英語	歷史	地理	法語	數學	普通科學	物理	化學	製圖	木刻術	工程學及金工	體育	美術	音樂
一年級	1	5	2	2	5	5	4			2	2	2	3	4	3
二年級	1	5	2	2	5	5	4			2	2	2	3	4	3
三年級	1	5	2	2	4	5		4	4	2	2	4	3	2	2
四年級	1	5	2	2	4	5		4	4	3	2	3	3	2	2

附註：三、四兩個年級，音樂爲選修科目。

五年級教學科目及每週教學時數，如下表：（註十八）

1 共同科目	2 選修科目	3 選修科目
英　文 5	歷　史 4	美　術 2
數　學 5	地　理 4	木刻術 2
物　理 5	音　樂 4	
體　育 3		
宗教教育 1		

附註：表內數目字，爲每週教學時數。

第六學級（六年級及七年級）教學科目及每週教學時數，如下表：（註十九）

註十八　同註十七，p. 351.

註十九　同註十七，pp. 351-352.

甲、優異級及獎學金級（準備投考普通教育證書優異級和獎學金級）

組別	工程組	科學1組	科學2組	藝術及經濟學組
科目	物理學 8	物理學 8	理論數學 8	英文 8
	理論及應用數學 8	理論數學 8	物理學 8	歷史 8
	工程實習及工程畫 8	應用數學 8	化學 8	地理 8
				法語 8
				經濟學 8
				數學 8

附註：1表內數目字，爲每週教學時數。
　　　2藝術及經濟學組，由六科中任選三科。

乙、普通課程（爲上述四組共同必修科目）

科目及教學時數	
	英文 3
	歷史、實用科學及數學 2
	社會研究——經濟學、政治學 2
	木工及金工實習、美術、音樂、電子學、水力學、冶金學
	及校外參觀（任選一科） 3
	法文讀法 2

附註：表內數目字，爲每週教學時數。

（四）現代中學

英國現代中學（Secondary Modern Schools），由舊有高級小學（Senior Elementary School）或中央學校（Central School）改組而成。此等學校之設置目的，在於「供應一種完善而圓滿的中等教育（a good all-round secondary education），其學校課程，不以傳統科目爲中心，重在學童興趣之引發。」(註二〇) 並希望「解除校外考試之壓力」(free from the pressure of external examinations)。(註二一) 是以儘力鼓勵此等學校之敎師，從事各項實驗，尋求切合現代中學學生需求之敎育方式。

自一九四五年以來，新制現代中學發展之神速，爲英國敎育史上所罕見。考其原因，不外二端：其一、社會所施之壓力；其二、多數敎師均能把握機會，從事試驗。近年來現代中學之發展，有一顯著趨向，卽此等學校大都設置「專門」、「偏重」、「高級」及「擴充」等課程(special, biased, advanced, and extended courses)；此類課程，以職業性或半職業性者居多。英國全國敎師聯合會 (National Union of Teachers)，於一九五六年調査全國一四六個地方敎育行政機關中之七十八個單位，發現約有百分之五十的機關，類皆擬定此類課程之發展計畫。其課程包括：美術及工藝、伙食管理、國內工藝、縫級、製圖或設計、汽車工程、機械工藝、房屋修繕及裝置、實用工藝、技工業、鄉村學、農藝及園藝、音樂、海員業、普通科學、電學、商業科目、護理，與夫應考普通敎育證書之學術科目。選習最後一種科目者，爲數極多。

在上述「專門」或「擴充」課程中，其程度特別高深者——亦爲引起爭論最多者，卽是應考普通敎育證書之學術科目。於一九五四年，三五七所現代中學內，參加普通敎育證書考試之考生，約五、五〇〇名；十年以後，爲準備學生參與普通敎育證書考試之現代中學，增加五倍，實際參與考試之學生，增加十倍。惟此等學生大都志在參加尋常級(Ordinary Level) 考試。

註二〇　同註十二，p. 29.

註二一　見 Ministry of Education Annual Report: The Nation's Schools, 1945, p. 21. (pamphlet 1)

依規定，現代中學爲唯一不參與普通敎育證書考試之中學；惟此等中學之學生，大都參與皇家藝術學社（Royal Society of Arts）擧辦之考試，如學校證書（School Certificate）、商業證書（Commercial Certificate），以及一九五六年由該社創辦的技術證書（Technical Certificate）等考試。師範學院（College of Preceptors）擧辦的學校證書考試（School Certificate Examination），由於考試科目及內容不及普通敎育證書考試之艱難，故現代中學學生參與此項考試者，日益增多。此外，尙有若干地方團體，擧辦其他考試；此等團體，如蘭開夏暨赤夏學社聯合會（Union of Lancashire and Cheshire Institutes），北部各府技術考試委員會（Northern Counties Technical Examinations Council），中東部敎育聯合會（East Midlands Educational Union），以及敎育機關聯合會（Union of Educational Institutions）等是。現代中學學生，參與皇家海軍工廠及陸軍（H. M. Dockyards and Armed Forces）學校資格考試者，爲數亦多。一般商業機構，如礦工及其他私人協會（如英國紅十字會，British Red Cross），所擧辦之考試，亦能吸引不少現代中學學生前往應試。至於若干地方敎育行政機關爲所轄地區現代中學卒業生，擧辦之「畢業證書」（Leaving Certificate）考試，凡修滿現代中學第四學年課程之學生，均可參與，其及格標準，約爲現代中學學生總額的前百分之三十至五十。

一九五八年，中等學校考試委員會（Secondary School Examinations Council）所屬之分組委員會（Sub-Committee）提出一項報告書，名曰：「普通敎育證書以外之中等學校考試」（Secondary School Examinations other than the G. C. E.）（卽畢樓義報告書，Beloe Report），建議政府擧辦「中等敎育證書」（Certificate of Secondary Education，簡稱C. S. E.）考試；英國敎育科學部乃於一九六三年，正式宣佈中等敎育證書考試，爲官方認可之一新設校外考試。在一九六三——六四學年度，即組成十四個地方委員會 (Regional Boards) 擧辦此項考試，其中若干委員會，於一九六五年暑期首次擧行考試；至一九六六年，各地方委員會已全部實施。

此種「中等教育證書」考試，係以每一科目爲基礎，凡通過某一科目之考試者，即可獲得一張證書；其與普通教育證書考試不同之處，在無及格或不及格之區分 (a pass/fail examination)。所有修滿中等學校五年課程之學生，均可應試；尤以適應其能力佔學生總額百分之四十至八十的學生的需要與興趣爲主。此項考試，係由各應考學校之教師，自行主辦。各科成績之計分，共計五等 (Grades)，凡持有成績證明書之等級 (Referencc Grades)，屬於第一等 (Grade I)，其程度與通過普通教育證書尋常級考試者相若。中才學生則列於第四等 (Grade IV)。中等教育證書考試，分由前述十四個地方委員會擧辦，招收各該地區之考生。此類考試，每年擧行一次，其辦法沿用下列三種方式之一：(註二二)

1 第一式 (Mode 1) 試卷，依據規定之科目，由校外人士命題及記分；

2 第二式 (Mode 2) 試卷，依學校科目，由校外人士命題及記分；

3 第三式 (Mode 3) 試卷，依學校科目，由各校自行命題及記分，但須呈請考試委員會核准。

第一式及第二式，早經於普通教育證書考試中實施之；惟第三式乃以學校爲基礎之考試，尙屬新興措施，於考試技術上提供一重要之試

註二二 見 Evans Brothers Limited: The World Year Book of Education 1969, Examinations, p. 111, 1969.

驗。

一九五〇年以後，談論現代中學之人士，視其爲單一存在體者，已不復見；大都認爲現代中學係各類中等學校之一構成分子。英國教育學者鄧特（H C. Dent），依據一九五六——五七學年度之情況，將現代中學分爲四類：(註二三)（1）所設課程，較舊有高級小學略深，故未能視爲眞正之中等教育。（2）在基本科目上，實施健全之訓練，並於一種或一種以上之科目或活動中，提供高深研究之機會。（3）設置普通科目，不實施專業分組教學，其美術、工藝、社會及體育活動所佔教學時間，遠較一般文法中學爲多。（4）前二年或三年設置普通科目，其後即開設「專門」課程，供學生選習。一般言之，鄉村學校大都偏重農藝及園藝科目；都市學校側重工業或商業科目者居多。

時至今日，上述四類現代中學，除學校規模頗有變遷外，其課程之實施，並無改變。祇不過第一種類型之現代中學，日益減少，至於全然廢止；第四種類型之現代中學，則大爲增加，惟其專門課程，以單獨設置準備投考普通教育證書及中等教育證書者居多。近年來有一種顯著的趨勢，即若干現代中學，由於設置種類繁多之課程，遂合併或改稱綜合中學。

四、青年學院

依據一九四四教育法案第四十一條規定，地方教育行政機關，應爲年逾義務教育期限者，設置全時及部分時間之教育。此一階段的教育，至十八歲爲止，皆係義務性質，惟因經濟困難，迄未普徧實施。

所謂青年學院（County College，亦稱補習學校），即爲年滿十五

註二三　同註十一，p. 122.

歲（現今爲十六歲）已屆離學年齡的青年而設置者，修業期限，以三年爲度。凡年在十八歲以下的失學青年，均可入學。授課方式，採部分時間制，在僱主同意時間內，每週授課一日，依規定每年須授課四十四週。必要時亦可酌予變通，但授課時間，不得少於規定之時間。所開課程，除能增進學生自身職業之發展外，兼授普通及職業科目。例如劍橋鄉村青年學院（Cambridge Village College），其夜間班共計三十餘種，有語文、現代問題、現代農業、音樂、唱歌、讀書會、縫紉、手工藝、烹飪、語言、舞蹈、簿記、速記、公民，及醃肉等。

目前的問題，乃爲校舍及設備不足，倘若經濟充裕，此種青年學院，或爲英國教育上一種最有希望的事業。

第二節 義務教育實施概況

英格蘭於一八七〇年開始實施强迫入學辦法，規定五至十歲之五年，爲强迫就學時期，惟至一八七六年，始對不入學者有處罰；一八九一年義務教育階段免納學費始見諸實行。一八九三年規定年在十一歲以下的兒童，不得藉故免學受僱。一八九九年再規定五歲至十二歲的兒童，必須受全時之義務教育。一九〇〇年，義務教育延長至十四歲，惟頗多例外，幾於其中百分之四十，於年滿十三歲時，即可取得免除繼續肄業之許可。至一九一八年教育法案頒布後，乃規定凡未達十四歲者一概不得離校；同時該法案並規定延長十四歲至十六歲青年的義務教育，實行補習學校之强迫入學，每年授課時數最低限度定爲三二〇小時。惟因當時財政困難，未能切實實施。

一九二一年教育法案，規定父母有督促年在五至十四歲間兒童入學之義務，但有下列情形者除外：(1) 因健康關係須受更有效之教育者；

(2) 十一歲以下兒童離家二哩內無適當公立學校可入者; (3) 本地交通不便，無法入學者。

自一九四四年教育法案頒布後，將原由五至十四歲的義務教育，立即提高至十五歲，因受戰事影響，延至一九四七年四月一日才開始實行。一九七二——三學年度，已將離學年齡延長至十六歲。依一九四四法案的規定，除保育學校外，五歲以上十五歲(現爲十六歲)以下各級學校教育，均屬義務教育範圍。如在十八歲前的青年，未繼續接受全部時間教育，則強迫其入補習學校，受三年的補習教育。其辦法有二: (1) 每年授課四十四週，每週一日或兩個半日。(2) 每年連續授課八週，或分爲兩個四週連續授課。

強迫兒童入學一事，由地方教育行政機關之勸學委員會 (School Attendance Committee) 及勸學員主持辦理。勸學員負有調查學齡兒童人數及研究兒童缺席原因之專責。

依一九四四法案第六十一條規定，英國地方教育行政機關，有免費(包括書籍、交通等費，及其他必需設備。)供給轄區內學齡兒童，接受義務教育的義務。父母如不送其適齡子女就學，於接到第一次勸告時，罰鍰一英鎊; 第二次罰五英鎊; 在一個月內連續三次以上，或竟延遲至一學期者，罰十英鎊。兒童則送入少年法庭議處。

依規定具有下列情形之一者，得免受義務教育。

(1) 凡心神喪失或違犯國家法律的人民，不得享受義務教育權利。

(2) 如兒童患長期性疾病或慢性病症，不能到普通學校受教，地方教育當局，得另籌補救辦法。

(3) 十八歲以下的青年，如在皇室機關服務，該機關所具有的教育設備，經教育科學部認爲滿意時，得免受普通的義務教育。

(4) 學齡兒童犯過，須受國家法律制裁時，於執行期間，亦得另立特殊機構，專司犯過兒童之敎育。

(5) 設學童家庭距離學校過遠，而地方敎育當局又不能供應交通工具或寄宿費用，附近學校亦因名額已滿難於容納時，則此等兒童即可暫時免受義務敎育。

(6) 依規定地方敎育當局，有免費供給學童膳宿，或安排適合學童年齡、能力及性向的寄宿敎育的義務。然因實際環境限制，地方敎育當局無此能力時，而所辦寄宿敎育甚得一般家長讚許，各家長得補助學童膳宿費用的一部分。如學童父母在國外工作，或因業務關係住處流動時，敎育科學部得授權地方敎育當局，酌情給予膳宿補助。區外學童在本區就學，如有上述情事，地方敎育當局，並應盡補助之責。

(7) 船員子弟因住處不定，致不能到普通小學受敎，地方敎育當局，得儘可能在其短暫的定居期間內，實施義務敎育。目前已爲此等學童設置一種實驗性的寄宿學校，每校暫收三十人。

第三章　法國國民教育

第一節　國民教育機關的設施

一九五九年一月六日，法國政府頒布教育改革令，規定離學年齡由原有之十四歲，提高至十六歲。從此八年制義務教育，延長爲十年。義務教育由六歲開始，前五年爲小學教育，後五年屬中學教育階段。因此法國國民教育機關，即是公立小學及中等教育前段的各類中學。

一、公立小學

法國公立小學教育，導源於一八三三年的紀周法案 (Loi Guizot)，此法規定各里區至少須設小學一所；惟有關强迫入學，尙無明文規定。一八五〇年法盧法案 (Loi Falloux) 將敎育管轄權交於敎會之手，並將紀周法案所定師資養成標準，酌予降低。一八六七年杜律法案 (Loi Duruy)，規定各里區自行徵收稅款辦理學校，削減敎會勢力，確定敎師資格，以敎育經費補助窮困學校，並於小學課程中增設歷史及地理兩科目。

一八八一年六月一日頒布的敎育法令，其中第一條即規定：「公立小學一律免費，師範學校並免納膳宿費。」故公立小學的敎育經費，乃由中央、府及里區分擔。此外，各慈善團體對於公立學校，亦時常予以經濟的援助。中央政府除負擔全體敎育人員（包括敎員、視學員、學校行政人員）的薪津外，尙須供給學童獎學金及校舍建築補助費。有時，中央還補貼各府及里區遠道學童的交通費。

法國學校教育，在十九世紀以前，宗教色彩頗濃。但自十九世紀下半葉起，宗教式的教育逐日漸衰落。一八八六年十月三十日頒佈的教育法令，其中第十七條規定：「在各種公立學校中，唯有非隸屬教會之人員，始得擔任教學工作。」自此以後，小學的宗教教學活動，亦完全停止。各級學校修建校舍，不得以任何名義接受教會的捐助，其建築式樣，亦不可具有宗教象徵。一九〇三年四月九日更由法國政府正式通告：「各級學校建築物，不得具有宗教形式的象徵」。

法國人認為學校是一種信仰自由，並屬於全體人民的；其教學主旨，祇是一種信仰或意見的探討，對於政治黨派與宗教，嚴守中立。此種主張「意識自由」的思想，幾成為法國近代文明的主流。學生的父母，雖可於校外灌輸兒童的宗教思想，但不可公開在學校內佈道。一般學校對於宗教或形而上學的教條與制度，既不予以攻擊，亦不設法維護，一任其自然演變而已。法人佘里斯（M. G. Seailles）對於學校曾作一簡明之界說：「學校是中立性的，於此種中立性的學校中，既無消極觀念存在，亦無侵略思想遺留，他們所反對的是幻想，他們所擁護的是眞理。他們認為唯有人類單純的心靈才高於一切，決不可用任何人為的方法將它分割；他們更反對虛偽與偏執，認為唯有使兒童的心靈浸潤於道德的眞理中，才是千古不滅的至理。」（註二四）所以，學校保持中立，並非怯弱，亦非平庸，而是使學校永遠立於政治漩渦與黨派鬥爭之外，期能保持永恒的安定與繁榮。就廣義講：學校是投票人員的訓練機關，但非某黨的競選基地。學校的主要目的，在使兒童練習其觀察、反省、判斷與推理的能力，並獲得關於選舉投票的普通常識。尤須培養一

註二四　引自拙著：英法德意四國的小學教育，二五頁，復興書局。

個良好公民應有的情感，使能愛好自由，尊重法律。

總之，法國人認爲各級學校一面固須擺脫宗教的束縛，一面也應遠離政治的鬥爭。教師的主要任務，是（1）理智訓練，使兒童尊重並愛好眞理，啓發固有思考的能力，養成堅毅果決的精神，和公正分析問題的習慣。（2）倫理訓練，使兒童尊重人類的正義與尊嚴，具有獨自負責的意識，並能深切理解公正與社會協作的眞諦。（3）公民訓練，使兒童崇尙民主原則，視共和爲最高的與唯一的體制，並激發其愛國心，期能肩負國民應盡的軍事義務，而保衞祖國的主權獨立與領土完整。

法國普通教育的第一個階段，即爲六至十一歲（或五至十歲）全體兒童所施之教育。法國小學，通例分爲正規小學、男女分設的小學，及鄉村小學三類。小學分三級授課：預備班（Preparatory Course）一年，六至七歲；初級班（Elementary Course）二年，七至九歲；中級班（Intermediate Course）二年，九至十一歲。所授課程，側重法語教學，其他科目，尙有道德及公民訓練、讀書、寫字、算術、法國歷史及地理、實物教學及基本科學觀念、美術、音樂、工藝（女生授縫紉）及體育。

小學教育階段，政府已設置各種特殊學校，或實施特殊計畫。爲適應心智遲鈍者的需要，乃於正規學校設置特殊班級或設立特殊學校，施以「特殊適應」（Readaptation）的教育。對於身體殘障的兒童，亦設有適合其需要的特殊學校或特殊班級。身體虛弱的兒童，則設有露天學校（Fresh Air Schools）教養之。有些地區，更爲從事流動工作者的子女，如船員及遊牧家庭的子女，設置寄宿學校。

法國小學，素由教會和慈善團體辦理。迨至第三共和國時代，始確立「公共、免費，及信仰自由」的教育政策。今日小學教育，則以「確保全體國民皆能獲得基本知識與技能」爲宗旨。

法國小學的一般特徵，即是以民族信仰的普通文化原則爲基礎。法國人以爲小學應維護民族的團結，故須對全體兒童授與法國民族的共同文化遺產；加强使用視爲統一因素的共同語言；促使兒童信仰並尊重國家對世界的貢獻，進而信仰法國所享有之文化領導的優越地位。法語永遠是一種教學媒介，即使操法蘭德斯語 (Flemish)、德語或阿爾薩斯語 (Alsatain dialect)、巴斯克語 (Basque) 或布立吞語 (Breton) 的地方，其法語如同本國語一樣的通行。法國的小學，不主張在一般基本科目內授予兒童以廣泛之知識，而認爲每個兒童應於小學科目中學得「吾人絕不可忽視之事物。」

法國的小學教育，因過於重視成人的理想，故對於現代進步教育的理論，頗爲忽視。質言之，法國的小學，與所謂「兒童中心學校」，或尋求與滿足「兒童之自我需要」的觀念，根本不合。兒童心理學之在法國，遠不及世界其他國家的發達，兒童心理學的原理原則，對於法國小學課程的內容與教學方法，亦絕少影響。法國的教育家，注重人格的發展，而所謂人格，須與一般崇尚道德的人士所持之民族理想相吻合。換言之，須與一種曾受優良教育並具有高度文化修養的人士所抱之民族理想相切合。法國的訓育思想，亦深受此種態度的影響，故其訓育設施，悉以成人之權威爲基礎。一般美國教育家所謂協助兒童發展其自律精神，使其負擔部分職責，法國的教師，對於此一觀點的正確性，頗表懷疑。

法國小學，每週授課五日，星期三停課，授課時數，每週二十七小時。各科教學細則，以部令訂之。爲適應地方需要及特殊情況起見，准於酌設特殊科目，但以不影響全體學生所參加之統一考試爲依歸。

學生之升級，以每一學年內之平日成績爲基準，由教師向校長推薦之。凡年滿十一歲而未超過十二歲的學生，得准其升入中等學校。入學許可，則以學生在校成績及教師和校長之推薦爲依據。

體育爲全體兒童所必修，授課時數，每週至少二小時半。目前一般師範學校，大都設置一種特殊課程，使師範生能出而擔任小學體育科目。類如旅行等團體活動，亦包括於體育科目內。絕大多數的小學，均無適當的運動場，故對於團體運動，不甚重視。

現制規定，各里區必設公立小學至少一所，如經教育部及府教育審議會 (Departmental Council for Education) 許可，得由數里區合設一校。人口滿五百人的里區，須另設女子小學一所；如人口不及此數，則不妨男女合校。又家庭距離學校超過五公里，而本地兒童人數已足二十名時，亦當另設一校以應需要。各里區除籌建學校外，尙須供應教員住宅，否則當另給報酬。關於建築，依法令規定，其標準如下：運動場地平均每人須佔十平方米達 (Meter)，全校不得少於五百平方米達，所有學校，均須遠離鬧區；教室面積每人至少須佔一點二五平方米達，光線從左邊射入，或採東西兩面光亦可；遊戲場所，平均每人五平方米達，總共不得少於二百平方米達。凡此皆經初級視學員視察，並呈報大學區行政當局核准。所有場地購置、校舍建築，及教學設備之準備等，概由里區負責。中央得酌量補助其一部分費用。

法國小學行政，由各校校長主持。關於課程、科目及教學等，均有法令規定，校長依法行事。此外，尙須受視學員的指導。視學員的主要任務，即考察各校是否切實遵章辦理。依法有兩班以上的小學，須設校長一人，以年滿二十一歲以上者爲合格。各校校長除主持學校行政事務外，每週尙須兼課四小時；惟全校學生人數達三百名以上者，則可專司指導教員之責，而不必任課。各地小學，通例男女分校，但有特殊情形，經主管教育行政當局核准，則可男女同學。男教員擔任男生之教學工作，女生或男女合班者，則由女教員授課。女教員教男生者，爲數不多。在法國，一切事權集中，不獨教師無教學之自由，即使校長，亦祇奉命辦理行政工作而已。

一九七五年六月四日，法國政府通過教育部長哈比 (René Haby) 所提「初等暨中等教育改革計畫」(le Project de Loi Relative à la Rèforme des Enseignements Primaire et Secondaire)，主張將學前教育，分成兩段，二至四歲爲前段，四至六歲爲後段；義務教育得由五歲開始，依學生資質高低爲不同之規定。資質優異者可於五歲入小學，天資遲鈍者則延至七歲入小學。小學修業期限定爲六年，六至八歲爲預備班，八至十歲爲初級班，十至十二歲爲中級班。學生肄業期間如成績特優，可以跳級；能力較低者，亦不得受固定之基本知能標準的限制而留級，以充分實現因材施教的教育理想。

二、中等學校

法國現行中等教育，計分前後兩段。前段 (first cycle) 四年，實施非職業性的普通教育；後段 (second cycle) 分長期課程 (long course) 與短期課程 (short course) 兩類，前者肄業三年，修習學術性或職業性的必修和選修科目，以便發展學生的潛能；後者肄業二年，修習技術科目，以爲從事專業之預備。今僅就前段各類中學，分別敘述如次：

前段四年，分別稱第六、第五、第四及第三學級，相當於全部教育年限的第六至第九學年。通常分爲三組 (filière or streams 直譯爲主流。)：第一組 (filière I) 屬於國立中學型 (lycée type)，第二組 (filière II) 屬於普通中學型 (CEG type)，前者側重學術課程，後者重在現代科目。第三組 (filière III) 屬於「過渡」型 (transitory)，專爲遲鈍不適於接受正規之第六學級教育的學生而設；此種過渡型的班級，係依一九七一年七月十六日的法令組成的。

第三組學生，肄業一、二年後，可轉入第一組或第二組，或逕入第二組適應班 (adapted section II)，此一班級爲第四或第三學級的橋樑，特別加强法文、數學，和外國語的教學，以免遲鈍學生於同一年級內修業達二年之久。

最近，並專爲不能入正規班級的學生，開設兩種特別班：(1) 職業預備班 (pre-vocational classes)，收受第八學年肄業，但因年齡過小未能進入職業班的學生；(2) 藝徒預備班 (pre-apprenticeship classes)，收受年滿十五歲肄業於第九學年的學生，擬於次年接受藝徒訓練者。

此外，尙有少數地區基於某種原因，所設中學前段不足容納全部學生者，得設置離學組 (leaving school section)，以爲學生取得離學證書 (leaving-school certificate) 之預備。此項證書，係根據一八八二年三月二十八日公布之法令所制定。此種離學證書的考試，十分簡易，通常祇考實用算術、寫字、歷史常識、地理、科學、美術或手工、讀書、音樂或朗誦詩歌。

一九七四年六月二十六日的通告規定，廢除組別的稱謂，由第六學級起，使學生修讀的組別更具彈性，各組敎師名額則有不同之分配。

第一和第二兩組的日課表、科目及學生人數，大致相同。惟法國敎育當局，希望上述兩組的學生人數，每組不超過二十四人，但美術、音樂、工藝及體育等科目，則實施兩組混合敎學，爲便於敎學起見，每組學生平均人數，仍以二十四人爲宜。

(一) 學校的類別

1. 初級中學 (Collège d'enseignement Secondaire or C. E. S.)

此等學校，直譯爲中等敎育學校，係依一九六三年八月三日的法令所設置，全校各年級的敎師，均爲合格敎師。目前計有二、六六六所初級中學。

中央政府支付敎師薪俸，地方政府則負擔維護費和經常費。初級中學如係寄宿學校（Boarding School），中央政府則有管理之權。依國立寄宿學校規程之規定，凡寄宿生達七十名以上者，得由中央政府支付生活費。

2. 普通中學（Collège d'enseignement général or C. E. G.）

普通中學，直譯爲普通敎育學校，依據一九六〇年八月九日通告的規定，將原有小學補習班（Cours Complémentaire）改易今名。復依一九六四年九月二十八日法令的規定，普通中學得分設第二和第三兩組授課，並自立行政系統和經費預算。目前計有一、八八一所。

3. 國立中學前段（first cycle in a lycée，或國立中學初級部）

自初級中學成立後，國立中學前段的班級，日益減少。現今尚有一九五所國立中學設有相當初級中學課程的前段，除原有第一和第二兩組外，並增設第三組。

（二）學生的入學

一九七二年三月十日的命令規定，大學區視學員，每年應調查所轄區內小學中級班高年級（CM_2）學生，凡於當年元月一日屆滿十一歲者，即列册送由各府初級中學入學委員會（Commission of Admission in First Cycle）統籌分發。該會以大學區視學員爲主席，其構成人員有府視學員、有關初級中學校長、第六學級敎師、心理學家、輔導顧問、學校衞生處醫生及學校社會助理等各一人，家長代表三人。

初級中學入學委員會，根據學生個別「資料」（dossier）記載的小學階段的學業成績，及其心理、身體、家庭和社會情況，決定分發其入第六學級或繼續接受小學教育，並通知學生家長，依限送其子女入第一、第二或第三組肄業。依規定大學區視學員，除通知學生家長外，尚須通知各該中小學校長，和輔導中心（Guiding Centres）；學生個別

「資料」亦送往分發之初中。據一般統計，分發至第一和第二兩組的學生，佔小學畢業生總額的百分之七十七，分發至第三組者佔百分之十八，其餘百分之五則令其接受特殊敎育。學生家長如拒絕該會的決定，該會則於大學區視學員主持下另行集會，對學生的「資料」作第二度的審查，並定期舉行考試。其次，私立小學畢業生或在家自修的學生，亦一律參與考試。此項甄選考試，由大學區視學員主辦，考試科目，包括法文、數學及能力測驗。

學生入學後，於第一學期結束時，學級委員會 (Class Councils) 得開會審查學生的成績，以爲學生轉組的依據。每一學年終了時，初中校長均會同學級委員會，評定學生的升降，必要時得通知學生轉學。

(三) 課程 (註二五)

第一與第二兩組的第六和第五學級，各科授課時數，每週共有二十七小時半，其中法文六小時，數學四小時，外國語四小時，歷史和地理二小時半，公民一小時，生物二小時，藝術教育（美術、音樂及工藝）三小時。

第三組的第六和第五學級，每週授課時數，共計二十七小時，其中基本科目十五小時（法文八小時，數學四小時，外國語三小時），「啓發」(awakening) 科目（歷史、地理、公民、生物）九小時，藝術科目（美術、音樂及工藝）三小時。一九六三年七月起，第三組的第五和第六學級，特別加强輔導工作。

第一與第二兩組的第四和第三學級，各科授課時數，每週共有二十六或二十五小時，其中法文四至五小時，數學四小時，第一外國語三小

註二五 詳見 Institut National De Recherche Et De Documentation Pédagogiques: The Organization of Education in France, 1974, pp. 27-28.

時，工藝學二小時，歷史、地理及公民三小時，自然科學一小時，藝術教育三小時。此外，另設必選科目，其中拉丁文四小時，希臘文三小時，第二外國語三小時。至於體育和遊戲，爲三組之共同科目，每週授課三小時。

一九七二年四月二十六日和五月十六日的通告，特別强調應喚起學生注意環境問題，並授以有關公民權責、經濟及社會生活的基本知識。現今若干學校的歷史和地理教師，正從事此項知識傳授之實驗。關於道路安全規則之教學，亦爲各校所重視。

第二組適應班的日課表，與第一組及第二組相同，惟增加法文（原六小時）和數學（原五小時）各一小時，外國語（原五小時）二小時。

職業預備班，分爲四類科目：（1）資訊和發表（Information and Expression）八小時，（2）工藝學、科學及數學十二小時，（3）試驗工作台（Testing bench）三小時，（4）體育三小時。

藝徒預備班，於一年肄業期限內，共計三六〇小時，其中發表和傳播（Expression and Communication）七十小時，數學和科學五十五小時，見習時間（Periods of probation）三十小時，工人生活知識二十小時，職業工學常識（Initiation to Vocational Technology）三十小時，公民、經濟及社會教育四十小時，藝術教育四十小時，體育七十五小時。

自一九七三——七四學年度起，藝徒預備班，以百分之十的時間，用於新增的教學活動，一般課程有減少的趨勢。此項措施在使教學更具彈性，並加强學校社區方面的知識。中學前段第三組（實用組）亦採相同的辦法。

一九七四年起，若干地區的中學，普遍從事各種課程與教學方法的實驗。如數學、法文、外國語、歷史、地理、社會研究、博物以及初級拉丁文等科目，均在進行實驗研究。

近年來法國中等教育階段，又盛行兩種語言的混合教學。一九六九年開始，有些中學設置法文——德文班 (French-German Classes)，從第六學級起，加强德文教學，例如每週增加兩小時，由德文助理教員實施輔導工作；又在體育、音樂、美術及工藝等科目方面，每週增加三小時的德文教學。如實驗成績良好，將推廣至其他科目的教學。

一九七四——七五學年度起，新制初級中學和高級中學，更增設法文——德文組 (Franco-German Sections)；初級中學第六學級設置法文——英文組 (Franco-English Sections)。

(四) 證書考試

1. 義務教育期滿證書 (diplôme de fin d'études obligatoires or D. F. E. O.) 考試：凡修滿第三組(實用班)課程的學生，須參加此項證書考試，其考試項目如次：(1) 文字敍述性向測驗，(2) 寫字性向測驗，(3) 數學概念理解和應用測驗，(4) 手工和藝術能力測驗，(5) 體育測驗。

2. 中等教育前段證書 (brevet d'études du premier cycle du 2e degré, or B. E. P. C.) 考試：此項證書，創於一九四七年；一九五九年教育改革令實施後，又制定普通教育證書 (brevet d'enseignement général)，以取代原有之「初級證書」(Elementary Brevet or B. E.)。現今中等教育前段證書考試，每年舉辦一次，分筆試與口試兩部分。另加體育選修考試。玆將考試科目列后：

(1) 筆試：法文(聽寫與論文) 六題

數學 六題

(2) 口試：第一外國語　　四題
選科：第二外國語
歷史或地理　　四題
生　物
工藝學

此項考試的科目，相當於第三學級的課程。考生所得總分，不得低於一百分。

3. 初級證書 (B. E.) 考試：依一八八七年一月十八日教育部令制定，今則每年擧行一次，限由私立學校學生應考。其考試科目分爲兩部分：

(1) 第一部分：論文、歷史或地理、數學、物理或生物。

(2) 第二部分：法文課文的閱讀與理解，算術、代數和幾何問題，人文科學問題，歷史和地理問題，科學問題，美術，音樂，體育及縫級(女生)。

第二節　義務教育實施概況

法國一八八二年之法令，已規定七年之教育義務。一九二三年之改革，於小學已有之學科外，擬再加授初等幾何、代數、地理、自然科學、音樂、美術、勞作等。一方面因幼兒教育之設施，另一方面又因補習教育之推行，其教育義務期限頗有延長之勢。初等小學之六年課程，在優秀兒童，祇須六年(在年滿十二歲時)已能修畢；對於此等兒童之教育期，尤有延長一年之必要。

惟是以法律(一九二一年法案)延長義務教育年限，然未能實行。一九一九年之愛斯特法案 (Loi Astier)，僅一部分見諸實行。該法規定凡從事工商業之青年，須入補習學校 (Cours Obligatoires Professionnels) 至年滿十八歲爲止。

卽使七年之義務教育，事實上亦未能切實推行。此由其不識字人口之比較衆多可見。在第一次世界大戰前，法國文盲人口已減至百分之三；戰後突見增加。據統計入伍兵士之不識字者，在一九二四年爲百分之八點八九，一九二六年爲百分之九點三九，一九二八年爲百分之九；其逐年增加之原因，據稱乃由大戰期中（一九一四——一九一八年），一般十至十四歲兒童多離校參加工作所致。

一九三七年教育改革方案頒佈後，將離學年齡延長至十四歲，正式實施八年制的義務教育。直至一九五九年一月七日前任總統戴高樂 (General de Gaulle) 將軍頒佈教育改革令時，始將離學年齡提高至十六歲，而實施十年制的義務教育。

至於免受義務教育的規定，撮要述之：(1) 學童生病，或家人患傳染病，或因交通發生臨時故障卽可缺席，直至原因消滅爲止。(2) 年在十二歲以上的兒童，如在就學期間，從事農田工作或出海捕魚，每年可減少授課時間八週。(3) 多天氣候寒冷，如學童距離學校太遠，或受交通阻礙時校長得酌減授課時間。(4) 六至十六歲的遲鈍或異常兒童，則另設特殊學校，予以簡易職業知能的訓練。對於身體、感官或心理具有缺陷，不能適應普通學校課程的兒童，亦計劃設置特殊班級或學校，實施矯治教育。(5) 若干兒童，因父母無固定住所，致未能進普通小學受教；目前法國教育當局，正擬設置特殊學校，以適應其遷徙生活之需要。如操嚮導或物品展覽業務的父母，政府卽爲其子女設置一種便於旅行的列車學校 (Caravan School)，實施巡廻教學。如爲船員，卽在河岸設置學校，當其出外工作時，兒童還可住校就讀。(6) 實施廣播教學及函授教育，以擴大受教的機會。

第四章　西德國民教育

第一節　國民教育機關的設施

西德國民教育機關，依現行法令之規定，有基礎學校、主幹學校，及部分時間制的職業學校三種，玆分別述之：

一、基礎學校

德國小學教育，初係教會主辦，至中世紀末葉，始由市鎮當局辦理，直到十九世紀初期，由於學術思想的演進，民族思潮的高漲，小學教育的內容，乃轉變而爲近代的國民教育。理論雖屬如此，惟其實際，仍採雙軌學制，致未能徹底實施義務性的國民教育。迨至第一次世界大戰以後，德國始廢除預備學校，建立基礎學校制度，國民教育乃步入完成階段。一九三八年更以法律規定，擴大義務教育範圍，將職業教育與國民教育並列，正式納入義務教育系統。故德國之實施義務教育，實較英法等國爲早。

現制德國實施小學教育的學校，稱爲「基礎學校」(Grundschule)，修業四年，西柏林和布勒門兩邦，則定爲六年。有的邦將基礎學校與主幹學校合併設置，改稱國民學校（Volksschule）。(註二六)

所謂基礎學校，原屬國民學校之部分，今爲一種獨立的學校。各邦

註二六　見 Organisation for Economic Co-operation and Development: Classification of Educational Systems, 1972, p. 46.

基礎學校革新所依據之出發點，厥爲一九二〇年四月二十八日聯邦政府內政部發佈之「基礎學校法」(Grundschulgesetz)，對於基礎學校各項設施，有詳盡之規定。

嗣後，復於一九二五年四月十八日，頒佈「基礎學校課程規則」(Gesetz über den Lehrgang der Grundschule)，將上項法令予以補充，規定基礎學校之修業年限爲四學年。但才能優異之學童，得於三年完畢基本教育義務後，轉入中間學校或中等學校。

基礎學校爲最基本之學校，任何兒童除身心異常經醫生證明者外，均須經歷此一階段。其主要目的，在藉遊戲作業以發展兒童固有之秉賦，並予以國民必需之基本知能的訓練。本期兒童的心理，愛好具體事物，抽象之原理原則，概非其所能了解。故課程卽當依此而編訂。其組織以兒童鄉土經驗爲出發點，家庭園圃、街市、鄉野、學校、工廠、農場等，均爲兒童活動的場所；本地史事，及鄉土地理，皆爲極佳之敎材。敎兒童運用地方語言表達其思想，憑藉圖畫、手工之類的實地作業，發展其能量；至於音樂、體育、唱遊等，在課程上的地位，其重要當不言而喩。

部分邦所設國民學校高年級的任務，以發展兒童個性，涵養民族意識爲主。基於此一任務，而編製適宜之課程，選擇所需之敎材。各科敎學側重因各期兒童能力而養成其人格，涵泳其情感。從不斤斤計較於知識之灌注，及記憶之訓練，而以培養兒童自發活動爲主，故特重觀察和獨立之研究實驗。體育旣可强健身體，又能增進自治服從之能力，故極受重視。

德國三學級以上的基礎學校，通常男女分設，女敎員不得任男校敎職。西德境內之國民學校，多設七至八學級。敎員七至八人。惟現有國民學校中，設置七或八學級者，多數皆在市區內。其餘鄉村學校，類皆不到七學級。至於一級人數之多寡，則視各邦教育經費之多寡而定。

各邦基礎學校行政，概由校長負責，惟校長與教員之關係，並不含有上下級的意味。校長亦爲教員之一，祇不過授課之暇，兼理行政事務而已。大凡三學級以上，六學級以下之學校，其校長稱 Hauptlehrer（卽主任敎員），六學級以上者，則稱 Pektor（校長），並加設副校長一人。校長每週除任課十二小時外，尙須兼負全校行政事務之責，如保管學校記錄，辦理例行文件，從事學校、家庭及社區之聯絡等；此外，並執行敎師會議的委託事項。副校長則承校長之命，管理學校圖書館、兒童福利事業，及學校銀行。

各基礎學校課程，大都設有下列諸科目：宗教、德語及鄉土地理、寫字、算術、幾何、音樂、美術、手工（女生縫級）、公民、歷史、地理、自然科學（包括生物、物理及化學）、體育及外國語。一年級每週平均授課十八節，二年級二十二節，三年級二十六節，四年級二十八節，國民學校五年級以上三十二節，每節四十五分鐘。每日上午八時上課，午後一時散學。

德國基礎學校，其學年始業於四月一日，至次年三月三十一日結束。惟巴威（Bavaria）邦例外，其學年七月底結束，九月初開學。各學校的假日，除星期日及公共假期外，全年計有三十五日，每年之上課日數，則爲二百三十五日。

此外，尙有若干特殊學級：

（一）建立班（Aufbauklassen）

爲培養優異兒童，每於國民學校中設置「建立班」；此項班級，與國民學校第五學年或第七學年平行，直至國民敎育終結時爲止。所授課程，除一般科目提高其程度外，並加授外國語。

（二）特殊學校（Sonderschulen）

西德各邦，爲實施身心殘障，或情緒失常兒童的特殊教育起見，乃普遍設置特殊學校，聘請曾受特殊兒童教育之基礎學校敎師，擔任敎學。有時，還單獨設置盲人、聾啞、肢體障礙、智能不足、瘋癲及過失兒童等特殊學校，分別實施矯治敎育。

（三）輔助學校（Hilfsschulen）

此類學校，亦稱輔助班（Hilfsklassen），旨在使資質較弱，或因其他原因以致學業落後之兒童，能達到原來同班生之程度。

上述三類學校之敎師，除接受一般基礎學校敎師的專業訓練外，並加習敎育治療學（Educational Therapy）、理論及應用心理學、法律及社會組織、解剖學，以及少年精神病理學（Juvenile Psycho-pathology）等科目。

二、主幹學校

西德主幹學校（Hauptschule，亦譯國民中學）爲義務敎育機關，收受基礎學校畢業生，修業五年（包括第五至第九學年）；西柏林與布勒門（Berlin and Bremen）兩邦，實施六年制的基礎學校敎育，故其主幹學校，乃修業三年（包括第七至第九學年）。五年或三年修業期滿，授予主幹學校畢業證書（Abschlusszeugnis）。有的邦規定，主幹學校學生於修滿第六、第七或第八學年後，可轉入實科學校或長期性中學肄業。最近，若干邦並於主幹學校增設第十學年，以爲延長義務敎育至十年之預備。凡修滿第十學年課程者，授予相當實科學校畢業證書之同等證書。主幹學校如與基礎學校合併設置，即稱「國民學校」（Volksschule）（註二七）

註二七　同註一，p. 46.

主幹學校的教學科目，各邦不一，大率有宗教、德文、歷史、社會科學、地理、英文、數學、物理、化學、生物、音樂、美術、體育及手工等。一年級（第五學年）每週授課三十一小時，五年級（第九學年）增爲三十三至三十六小時。邇來爲適應學生能力與性向，英文、數學兩科，分A B兩組教學。A組教材相當實科學校程度，B組則係主幹學校普通教材。A組畢業生得轉入實科學校肄業。至若德文、物理及化學等科日，各校亦儘量採能力分組教學；如能力欠缺難於修畢主幹學校課程而又不擬延長修業年限者，均編入特別班就讀。課餘之暇，學生每多自動組成「學習小組」，學習音樂、戲劇、舞蹈、園藝、工藝及攝影等，教師從旁指導。

近年來主幹學校，對於教材教法之改進不遺餘力，諸如①增設英文，②採取分組教學，强化選修科目，③或取合科課程編制，設「社會科學」、「自然科學」、「生產訓練」、「康樂活動」等科目，以取代傳統之分科教學，④獎勵實施大單元設計教學及聯課活動，⑤增加科任教師協助級任教師之教學，⑥倡導教育實驗研究，普設綜合學校。

一九五九年起，各國民學校增設輔導班（Förderstufe，直譯「促進階段」），俾於第五和第六兩學年，觀察學生性向，以爲日後升學之依據。長期性文理科中學及實科學校，或稱試探期（Eingangsstufe，直譯「入學階段」）或名觀察期（Beobachtungsstufe，觀察階段）（註二八）。現今主幹學校，則稱定向班（Orientierungsstufe，或譯定向階段），設於第五及第六兩學年（一、二年級），爲期兩年。赫森（Hesse）邦首先設置，其餘各邦，尚在實驗階段。經二年之入學輔導（Eingangs Förderstufe）後，根據教師之推薦和學生家長之抉擇，分別升入適當之

註二八　詳見 Arthur Hearnden: Paths to University, 1973, p. 19.

學校。一般家長，大都希望其子女能升入長期性文理科中學或實科學校。如進入文理科中學，成績過差，尚可轉入實科學校；進入實科學校，成績欠佳者可轉入主幹學校。萬不得已時，始入主幹學校，接受義務教育。據一九七〇年統計，進入文理科中學的學生，佔定向班學生總額的百分之二十五，入實科學校者佔百分之二十，入主幹學校者，佔百分之五十五。預計一九八〇年，進入文理科中學的學生，佔百分之二十七點八，入實科學校者佔百分之二十三點一，入主幹學校者佔百分之四十九點一。足見西德各邦教育當局，有提高定向班學生升入文理科中學及實科學校比率的意向。

目前西德教育界人士，咸認主幹學校有兩大缺陷：第一、此等學校第九學年爲義務教育，第十學年不屬於義務教育範圍，修畢第十學年課程者，授予畢業證書，相當於實科學校卒業所獲之中熟證書（Mittlere Reife），但實質上却未具備中熟證書之效用。第二，此等學校爲便於學生轉入實科學校或長期性文理科中學，乃須開設類如上述兩種學校的課程，但其師資和設備，又不足肆應事實之所需。

三、職業學校

西德職業學校，依一九一九年魏瑪憲法第一四五條之規定，稱爲「繼續教育學校」（Fortbildungsschule），亦譯「補習學校」，含有國民學校教育繼續增進之義；後經一九二〇年聯邦教育會議之提議，易名「職業學校」（Berufsschule），西德各邦，迄仍沿用。且魏瑪憲法第一四五條確定職業學校爲義務教育性質，此類學校之教學，當與職業工作相伴進行，而對於所從事之職業，提供學理方面之基礎。故此等學校又稱「職業義務學校」（Berufspflichtschulen）。通例免繳學費，採部分時間制，每週授課八至十二小時。教學內容，依德人凱欣斯泰奈（Georg Michael

Kerschensteiner）的見解，應包括(1)實際職業課程，(2)理論職業課程，(3)公民教育課程三大部門；俾使學生於習得工作技藝外，尙可體認本行業與其他行業之相關性，領悟理論與實踐之聯繫性，與夫了解本行業在整個經濟體系中之地位，進而克盡對國家應負之職責。西德聯邦教育研究委員會於一九六四年七月提出調查報告建議：為適應步入第二工業革命時代，大量採用全自動化機器，並配合民主國家建設之需要，職業學校應加强德文、政治、宗教等充實公民知能的課程。實用職業課程方面，亦當重視基本訓練，未可過於專門化與特殊化；蓋一般工廠採用全自動化機器後，不復需祇能操作機械的熟練技工，而須有統御機器、運用思考獨立解決問題的技術工人。

西德職業學校，例皆依行業性質區分，種類複雜，歸納言之，約有下列七類：(1) 農業（Landwirtschaftliche）(2) 工業（Gewerbliche）(3) 商業（Kaufmännische）(4)礦業（Bergbauliche）(5) 家事（Hauswirtschaftliche）(6)綜合業（Gemischtberufliche）(7)特殊（Sonder）。上述各類職業學校，大都招收受滿九年義務教育的青年，肄業三年，採部分時間制，每週授課八至十二小時。在校修習理論課程，而在企業機構實習。修業期滿領受職業學校畢業證書，並具有投考專科學校（Fachschulen）之資格。玆就農、工、商及家事四類職業學校，述其概況如次：

(一)農業職業學校（Landwirtschaftliche Berufsschule）招收自耕農或在他人農場工作之青年，修業三年。所授課程，各邦不一，如下薩克遜（Niedersachsen）邦規定為：農業專門科目（3），農業技術（2），社會及宗教（1），德文（1），數學（1），合計每週八小時。

(二)工業職業學校（Gewerbliche Berufsschule）學生一面在工廠投師習藝，充當學徒，一面在校授課。通例分為鋼鐵、機械、建築、服裝工業，及食品工業等科，且可分年分級授課。所授課程，各邦不一，玆以巴登——維登堡 (Baden-Wuerttenberg) 爲例: 工業專門科目 (2), 工業製圖 (2), 工業數學及應用幾何 (2), 經濟學 (1), 德文 (1), 社會 (1), 宗教 (1), 合計每週十小時。

㈢商業職業學校 (Kaufmännische Berufsschule) 招收任職於企業機構或公共行政機關的青年, 修業三年。所授課程, 各邦不一, 赫森 (Hesse) 邦之規定如次: 經濟學 (3), 應用文 (1), 經濟數學 (1), 簿記 (2), 政治學 (1), 宗教 (1), 合計每週十小時。

㈣家事職業學校 (Hauswirtschaftliche Berufsschule) 招收擔任家務或在工商企業及手工藝機構任職之女青年, 施予家事訓練。所授課程, 大率有家事學 (2), 烹飪與食品學 (2), 家庭整潔 (2), 縫紉 (2), 兒童與病患養護 (2), 康樂活動或宗教 (2), 合計每週十二小時。

上述各類職業學校, 有由地方政府設置者, 亦有企業機構或同業公會辦理者。所需經費, 例由設立單位負擔, 間有若干單位共同負擔者。惟一般工商企業機關均樂於提供經費, 蓋因支付之費用可於應納稅捐項下扣除或申請減免。此等職業學校, 無論由何機關設立, 其教育行政主管機關, 均爲行政區 (Regierungs)。故一般行政區所屬學務局, 例皆設置專司職業教育視導工作之督學。

第二節　義務教育實施概況

德國教育文獻, 常將「義務教育」(Schulpflicht) 與「强迫教育」(Schulzwang) 兩種名詞, 交互使用, 或因義務教育含有强迫意義的緣故。公元第七世紀時, 德國始創寺院學校, 以爲訓練傳教士的場所, 間亦收受世俗子弟。第八世紀設立宮庭學校, 實施貴族教育。十二世紀以後, 爲適應工商業發展之需要, 乃建立德文學校 (Deutsche Schule);

此類學校，多係公立性質，由市政府設置。迨至十六世紀宗教改革以後，德國始有「人人皆有受教權利」的新觀念。故一六四九年，舊維登堡（Alt-Wuerttenberg）邦即頒訂法令，規定父母須送其子女入學，否則予以處罰。從此德國便有强迫教育的觀念。一七一七年普魯士正式頒布法令，推行義務教育，實為德國義務教育之嚆矢。總之，就歷史演變言，德國義務教育，具有下列五大特徵：⑴於國家法令督促下，由地方政府負責辦理。⑵重視國語教學的價值。⑶成為普及性的强迫教育。⑷教育內容，側重普通教育，而不實施任何職業性的預備訓練。⑸全部免費。

魏瑪共和時代，依據魏瑪憲法第一四五條規定，强迫教育之實施至少八年，繼以補習教育，至十八歲止。現今各邦規定，凡年滿六歲身心正常之兒童，一律入基礎學校肄業，中經主幹學校直至十五足歲為止。預計一九八〇年，西德義務教育年限，將延長至十六歲。惟有兩種兒童例外，一為身心發育遲緩者，可酌延其入學時期；一為年滿十五歲，須出外受雇者，許其提早離校。居家受教之兒童，須不時受政府查驗，察其能否入公立學校肄業。每學年開學前，由當地警察局調查本地學齡兒童，報告於教育行政當局，教育行政當局即據以分配兒童入何校何班。家長及監護人，須負責督促兒童，按時入學；如有無故缺席者，科以罰金。雇主明知學生已屆學齡時期，或明知其在學而雇之者，亦科以罰鍰。學生缺席人數，由教師按時向警察局報告。學生如因家庭遷徙，必須持原地學校退學證至現居地學校註册入學；此項手續，限六週內辦理完竣。盲童六歲至十五歲，聾啞兒童七至十五歲，亦應入特殊學校受教。

第五章　義大利國民教育

第一節　國民教育機關的設施

義大利的教育制度，自一八五九年卡撒蒂法（Casati Law, 1859）頒佈以來，即無重大改變。其主要原因，在於國力貧困與文盲衆多（據一九五一年統計，全國年滿六歲以上的人口，其中文盲人數佔百分之十二點九），致使任何教育改革，均難順利推行。一九五八年制定一項十年教育計畫，規定義務教育年限，不得少於八年，迄今一仍舊貫。一九六二年十二月三十一日以第一八五九號令頒訂新學校法，强調建立健全與基本之大衆化的中小學教育，國民教育的基礎，由之奠定。依現制義大利的國民教育機關，分爲小學（scuole elementari）及中間學校（scuole media）兩種，玆分述之：

一、小　學

義大利小學，分公立與私立兩種，公立免費，私立則須納費。公立小學，或爲國立，或係國家認可或補助之學校。私立學校係由私人團體或私人所設置。無論公私立小學，均須接受教育長官（provveditore agli studi）之監督。

義大利小學教育的目的，依一九四七年公佈之「公共教育規程」（ordinamento della publica istruzione）所載：（註二九）「小學不祇限

註二九　引自 A. H. Moehlman and J. S. Roucek: Comparative Education, 1953, p. 264.

於掃除文盲，較文盲尤爲嚴重者，厥爲未成年的公民，在精神上的愚昧，政治生活的不適應，不切實際的工作態度，以及無視一般社會問題。」故教育應「消除此種無知，並改造兒童、成人及公民。」

此外，尙須注意下列三點:

1. 廢除城市及鄉村學校舊有的區分，新教育的課程，側重義大利公民資格的基本訓練；地方文化的影響及需要，亦未可忽視。「各級學校，須由其切身環境中，引發構成其生活之文化和實用動機。」

2. 小學應培育兒童民胞物與的胸懷，以超脫民族主義的範疇。「創造淸晰的工作願望，以眞誠的目的爲祖國服務。」尤應於宗教、道德、公民、體育、歷史、地理及職業敎育等科目中，涵泳倫理法則的知識。

3. 宗教、道德、公民、體育、工作、義大利文、歷史與地理、算術與幾何、科學與衞生、美術與文藝 (belleslettres)、及音樂等十一種科目之敎學，應力求統一與統整。

現制小學，收受六至十一歲的兒童，分兩級授課，初級六至八歲，爲期二年；高級八至十一歲，期限三年。無論初高級，於修業期滿時，必須通過口試與筆試。修滿高級課程，並通過考試者，授予小學畢業證書 (licenza elementare)，並取得升入中間學校接受中等敎育之資格。

小學課程，計有宗敎、義大利文、算術、歷史、地理、自然、公民、美術或書法、製圖或勞作 (lavora)、合唱或音樂、體育等，義大利小學課程，着重宗敎、公民等基本學科之修習。彼等嘗謂：「天主敎敎義的敎學，爲一切敎育的基礎和目的。」(註三〇)足證小學宗敎敎育之重要。

音樂敎學之進程，初由兒歌、鄉土歌曲及愛國歌曲，而至樂譜和音

註三〇 見 Carlton E. Beck (editor): Perspectives on World Education, 1970, p. 58.

調之研究，再及樂器演奏和合唱。美術教學儘量與各科聯絡，特重線條和色彩畫；最後三學年更選習美術名作。義大利文之教學，文法和單字雖未忽視，但側重學生之自由發表，無論口述或書寫均可。選擇讀本，着重引導兒童欣賞「自然之聲」和文學名著，使與人類精神相感應，發表時方言俚語並未禁止。史地教學，大都限於本國及本地區之研究；五年級歷史則有本國歷代偉人，如畫家、雕刻家、建築家、科學發明家等之事略，義大利海軍發達史，第一、第二兩次世界大戰史，各項公共事業的發展，勞工狀況及本國財源與他國之比較等。

至於勞作一科，並非單純的手工、工藝或家事，而是一種生產活動。此項活動，深受比利時教育家德可樂利（Ovide Decroly，1871-1932）教學法的影響。女生修讀勞作，不僅要習家事，舉凡家庭經濟預算之平衡，商店購物，以及嬰兒沐浴等，均須實地練習。城市小學的男生，則須學習照料花園，培植花木及栽種易於銷售的蔬菜。今日義大利勞工散佈世界各地，國內經濟情勢日趨穩定，或係小學及中間學校注重勞作而培養具有勞動身手之工人所致。目前義大利南部各省，由於經濟貧困，致部分學生未能受滿三年制中間學校教育而中途輟學，小學階段的義務教育，益顯重要。

義大利各小學一年級以上學生均有筆記簿，爲剪貼畫片及記載事項之用，並按月按年保存。三年級以上學生之筆記，大約包括下列項目：學校生活事項，並加註解，如所遇功課疑難，缺席原因及筆記困難情形等；摘要叙述教師講過的故事；記載遊戲及本人認爲最有趣味的事項。高年級學生筆記，除此以外，尚增加讀書錄一類。筆記須有例證，不可憑空揑造。

義大利小學，每一學年祇有十個月，其實際授課日數，不得少於一百八十學日。每一學日爲四小時十分鐘；每週授課二十四或二十五小時。

國立小學，全校學生人數，不得少於十六人，不足十六人者，則由補助學校施教。依現行法令規定，小學每班教師與學生人數之比例，最多為一比六十，通常為一比二十八。班級學生人數過少者，或由兩班混合教學，或另設單班學校兼授不同年級之學生。

為適應兒童身心發展之需要，除正規班級外，尙有益智班、輔導班(classi di aggiornamento) 及特殊班 (classi differenziali)。益智班招收智能不足或心智遲鈍的兒童；輔導班收受學業成績過差或發育遲滯的兒童；特殊班收受身心異常或情緒不良適應的兒童；有時尙專門設置盲、聾，及幼稚病等特殊學校。依現行法令規定，各地區得設置包括輔導班和特殊班的特殊學校。

二、中間學校

依義大利憲法第三十四條之規定，乃於一九六二年十二月三十一日訂頒第一八五九號法令，將舊制中間學校，改組為新制中間學校，以為全體兒童實施機會均等之教育。以往此類學校，旨在施予職業預備訓練，便於學生離校後就業；今則成為小學教育之延伸，期以達成學生自身之目的。

歷年來由於義大利國會及輿論界，相繼主張改進中間教育，以提高中間學校的教育水準。教育部在一九六二年前，為籌設新制中間學校，乃於若干舊制中間學校及職業學校內增設實驗班，試用新課程；並為未設舊制中間學校之社區 (Communes) 及鄉村，經由電視台，創設獨立電視中間學校 (Single Televised Middle School)，播授中間學校課程。嗣因各項實驗成績圓滿，遂於一九六二年十二月頒佈法令，將舊制中間學校一律改組為新制，並於一九六三年十月一日起實施。依上項法令之規定，在一九六六年十月一日前，全國各地，凡居民達三千人以上之社區，須一概設置新制中間學校；居民不足三千人之社區，如有必要，亦得設置中間學校，但其所設班級，不得超過二十四班，每班學生人數，定爲二十五人。所有新制中間學校，一律實施免費之義務敎育，其程度相當於一般國家之初級中學。此類新制中間學校，與舊制中間學校，最顯著的差別，在於新制中間學校側重科學科目之敎學。

新制中間學校的敎育目標，歸納言之有四：

1. 實施介乎學術性與職業性之間的普通敎育；

2. 以核心課程和具有敎育價值的一系列選修科目爲基礎，指導學生對未來作明智的抉擇；

3. 適應學生心理發展及其社會經濟生活之現實需要；

4. 實驗輓近敎育研究所獲之敎與學的新方法。

現行中間學校的課程，例皆分爲必修與選修兩類：必修科目有宗敎、義大利文、歷史、現代語（德語、法語或英語）、數學、地理、初等科學、公民、體育（健身術）、美術、音樂及工程畫或勞作。音樂和工程畫爲一年級以後（二年級起）之選修科目。二年級義大利文，其敎學內容加深，而包括拉丁文的基本知識；三年級時拉丁文正式列入選修科目。凡曾修讀拉丁文，並於畢業試驗中通過拉丁文考試者，始得投考文科中學（liceo classico）。一般言之，凡於二、三年級修讀選修科目者，多係成績優異而有志繼續升學之學生。小學畢業升入中間學校成績較差之學生，大都利用下午課外時間（正規班級例於午后一時散學。）在校內專設之補習班（doposcuola）補習。同時，一般選修科目，類皆排在下午授課，每週以十節爲限。二年級以上之學生，得選修一科或二科。必修科目每週授課時數，不得多於二十六小時。此外，各中間學校，尙有升學及就業指導。

現制中間學校，通例設有益智班和輔導班。前者收受情緒失常及智能不足之學生；後者收受一年級功課不及格或未通過畢業考試者，予以特殊指導。凡送入益智班或輔導班肄業之學生，須經一名教育專家和兩名醫生共同鑑定，其中一人應爲神經科或精神病科之醫生。此等班級之學生數，每班不得超過十五人（正規班級每班二十五人）。無論輔導班或益智班之教師，均以曾受特殊之專業訓練者爲合格。

三年肄業期滿，通過國家考試（中間學校畢業考試）者，領受中間學校畢業證書 (licenza media)。持有上項證書者，可投考各類高級中等學校。但報考文科或理科中學者，必須通過拉丁文考試。

現今義大利境內，凡居民達三千人以上之社區，均設有新制中間學校一所；其不足三千人之社區，學生可至鄰近社區之中間學校就讀，而由學生本籍所在之社區撥付經費若干，以資補助。一般中間學校，均備有交通車，學生可免費搭乘。

第二節　義務教育實施概況

一八五九年卡撒蒂法，規定年滿六歲的兒童，須一律入公立學校或私立同等教育機關受教，已啓義大利義務教育之端倪。一八七七年考畢諾法 (Coppino Law)，始確立强迫入學 (obbligo scolastico) 辦法，將原有三年制的義務教育，延長一年，規定兒童六至九歲或十歲，爲强迫就學時期。惟以各社區無力負擔教育費用，推行殊爲遲緩；一九〇四年再經俄朗多法 (Orlando Law)，將義務教育年限增加爲六年，換言之，六至十二歲的兒童，必須受强迫教育。至一九一一年，改行省區制，凡貧困或教育落後之地區，由國家直接負擔設立學校所需經費，始漸見起色。一九四八年一月三十一日頒布「新共和國憲法」，乃明令規定義大利國民，至少應受八年的免費初等教育。

依現行法令規定，兒童强迫入學，由六歲至十四歲，換言之，義務教育年限定爲八年。兒童如因家庭經濟困難，不能於規定時期內全時上學，亦當於其他時間受滿規定上課次數。學校除週四和星期日外，每日開放；兒童年屆學齡，必須入本地小學肄業，至義務教育期滿爲止。如入鄰近其他教育和文化機關亦可。督促兒童入學的責任，由家長、監護人及雇主承擔；孤兒則由所屬主管人員督促之。家長和監護人，如欲另行設法教育兒童，須證明其有此項經濟負擔能力。私立學校須有與公立學校資格相等之教師，始可設立。無論在家庭受教或私立學校肄業之學生，概須參加爲公立學校規定的考試，藉以整飭其程度。盲聾啞兒童亦當强迫其入學，至十六歲止。此種特殊學校，經國家認可後，得享受若干津貼，但其校長和教師，須受特殊訓練，又其學生須參加相當之考試。

第六章　蘇俄國民教育

第一節　國民教育機關的設施

蘇俄普通教育階段，共計十年。前三年，稱爲小學；其次五年相當於初級中學，與前三年合稱八年制學校；最後二年相當高級中學，通例與前兩種學校合併設立，故稱十年制學校。所謂國民教育機關，係指小學與八年制學校而言。

一、小　　學

蘇俄三年制的小學，多係單班學校，惟近年來極力淘汰一校祇有兩名教員的學校。若干地區的土著人民，依舊過着遊牧生活，其所設學校，純爲帳棚建築，故此類學校可隨遊牧人羣，遷移至各地。目前，正竭力設法充實此等帳棚學校的衞生設備，並擬設置圖書室及供應教科用書。各學校例皆三十名學生，即有教員一名。教員的工作時間，每日六小時，每週六日，如擔任額外工作，另給超支津貼。凡一校有二名教員者，其中一人則被指派充任主任教員。

各校每依地方實際情況，於上午八時三十分或九時開始授課，年幼兒童於午後十二時半或一時散學，年長者則於午后二時或二時半散學。每節授課四十五分鐘，每節之間休息十分至一刻鐘。上下課均一律鳴鐘。各年級之功課表，例皆依部令規定而排列者，但有伸縮餘地。教室的氣氛，至爲嚴肅；上下課教師進出教室時，所有學生，均須起立致敬。兒童發言時，必先舉手並經教師許可後始得起立講話。各年級均有固定之家庭作業，兒童於作畢時呈繳教師訂正。一九七〇年蘇俄部長會議議決，小學家庭作業，須加限制，一年級每日至多不得超過一小時，依年級遞增至十年級時，每日四小時。此項規定，並已通令全國中小學一體遵行。

一般教室，毫無裝飾，令人索然寡味，油漆顏色很淡，通常爲淡藍色。室內放置木造雙座帶蓋的課桌數排，掀開桌蓋即可放書，中學則在課桌下面另裝書架。教室內陳列學生的作業，有時陳列於走廊上。講臺後邊的牆上，有一小型黑板，塗成棕色。小學前二年所用的黑板，用橫直線間隔，後一年祇用橫線劃分。通常教室前面的牆壁上，繪製大幅共產黨的英雄畫像。

小學生每班約三十至四十名學生，大都穿着制服。女生平常穿着棕色或藍色上衣，黑色裙子，特定日期，着白色裙子。男生一律身穿軍式制服，頭戴軍帽。

教學方法，側重講演法，大都由教師講演，學生靜聽，對於學生活動及個別學習法不甚重視。教室活動，採正規方法，有時令學生將教科書整頁的背誦。語言教學以詳細的練習爲基礎，注重艱深之文法規則及文體結構的講解。對於閱讀的欣賞，未予重視。此等小學所採之正規方法，與幼稚園的自由自發的氣氛，顯然不同。

（一）小學課程

蘇俄學校課程，係依教育部頒布之規程而制定者。各共和國的學校，例皆採用同一之課程，蓋此類課程，係由各共和國教育部長於例行會議時所決定者，故各共和國之間，差異不大。前三年學習一種核心課程。

據部頒課程規則所載，不僅希望學生學習文字，尤在使其了解書本知識與實際生活的關係。讀書科每輔以示範課、郊外旅行及實驗。從低年級開始，即表演故事性的戲劇；各校學生常由教師帶往戲院或業餘戲劇團體，觀賞戲劇或木偶戲。

地理科目，由鄉土地理講起，漸次擴大至民族區、共和國及全蘇聯。地理教學，側重每一事實及各種情況的經濟意義之敍述，期使學童對於蘇俄之經濟生活，具有明確之了解。歷史科目，則由本民族的歷史故事講起，其後，依次敍述俄國史、古代史，及近代世界史。歷史教學，旨在就共產主義的觀點，對學生解釋各種歷史事件的關係，以及現代世界上各種事件的前因後果。並採用地圖、圖表，及影片等，用以表明地理及歷史事實。

一般小學，大都採用包班制，由一名教師擔任各科教學，爲教師者，由一年級至三年級，隨班而上。所設科目，除俄語或地方語（包括讀書、寫字及初級文法）外，尚有歷史、地理、算術、自然、外國語、美術、體育及勞作。各學校每週授課六日，依據部頒規程的規定，一、二年級每週授課二十四節，三年級每週二十五節。

全國各地的小學，雖由各共和國國營書店採用各種不同的語言編制教科書，但其基本教科書所用之教材，則全國一律。不過，各地教師得搜集地方資料，編爲補充教材。爲維持地方分權制的形式，可將俄文教科書譯成各種地方語，但不得影響全國各地的教學一致性（Uniformity of Teaching）。

蘇俄的教育目的之一，在使兒童參與集團的生活、學習及工作。爲達成此種目的起見，乃成立學生自治團體及各種學校組織。各年級設置級會（Class Committee），再就各級級會幹事中推選若干人，組織一種全校學生委員會（All-School Committee）。該會具有三大任務：第

一、與校務會議（School Council）共同推進校務，維護校規及秩序；第二、負有衞生事務職責，諸如和校醫共同辦理衞生及健康事宜，向社會宣傳各種適當之衞生習慣，及保護校產；第三、協助學校實施校內之政治教育計畫。於執行第三項任務時，須受共產主義青年組織的指導。渠等大都編製壁報，組織各種討論團體。至於共產主義青年組織，所負之訓練集團生活的任務，一如共產黨，對於各會員的行動，監視甚嚴，凡不熱心會務或於訓練期間表現不够積極者，一律予以整肅。按蘇俄的意思講，該等組織的會員，無論公德或私德，均足爲一般青年之楷模。一般蘇俄教育工作人員，咸以爲由於學生自治團體之全力協助，乃使彼等所抱之教育目的，得以充分實現。

（二）考　試

蘇俄小學於第三年級結束時，舉行一種「升學考試」（Transfer Examination），以決定學生能否升入四年級，是即中學教育的開始。此項考試，通例由教育部製發一種考試單（Examination Cards），開列若干範圍很廣的題目。每一科目，均有一分考試單，其中列擧三個普通性的題目。例如地理科，其開列之題目，爲麥子出產的地帶、水路運輸系統，以及畜牧地區。各該科教員，即根據考試單所列之題目，擬定較爲專門的題目若干。各學校於接到教育部分發之考試單後，立即通知教員請其依據本年度考試單所列題目命題。各科考試單，均列有三個特殊的題目或問題，以爲考試之用。

考試大都爲口試，此項考試在蘇俄教育上佔有極重要地位。主辦考試的團體，其構成人員爲校長、級任教員、其他教員二人，以及區教育行政機關代表一人，通例爲教育輔導員。此類考試，在第八年級及第十年級，尤屬重要，不特考試時間甚久，其對三年級學生之俄文考試，較之其他國家本國文的考試爲難。每一學生，均須以其自身所操之語言，背誦在校所學之詩歌或故事一篇。語言考試單，大都包括讀書及文法、詞句分析及文法結構。算術科，每一學生必須解答三個問題，其中有一題爲心算。學生作答時，不僅須有正確的答案，尤須解釋其演算的方法。其考試所得之分數，採用數字分等法，由五至一分爲五等。蘇俄教育人士發表之若干研究報告，關於口試之實施方法，曾有極詳盡之報導。據報，考試時應注重學生與主試人員間友好態度之建立，至於聲調及發問的語法，對於考試之成敗，關係至鉅，尤不可不愼。

一九五八教育改革方案實施後，蘇俄的學校，特別注重生產訓練及生產勞動 (Production Training and Productive Labor)。前三年由於學生年齡過小，不適於從事生產勞動，故祇實施生產訓練。凡曾往蘇俄考察學校教育的人士，均認爲蘇俄小學三年所實施的生產訓練，與美國小學所敎的手工——着色、剪貼、塑造及其他類似活動，頗爲相近。

蘇俄學校對於學生心理能力上的個別差異，極爲懷疑，故禁止使用智力測驗，或一切有關智商的討論。所有兒童均施以同樣的教學，並期其達到同一之標準，凡遇某些兒童不能達到此種標準時，則歸咎兒童注意力不集中或過於懶散。兒童如考試失敗，則指責兒童的家庭督促不力。蘇俄小學，大多數的兒童，均能得到三分或三分以上的分數；分數在一分或二分以下者，爲數極少。其主要原因，在於敎師不主張給予兒童過低的分數，蓋彼等以爲如果兒童所得分數過少，即證明敎師敎學無方。(註三一)

（三）訓　育

自一九四三年以來，蘇俄的敎育論著，對於訓育問題，至極重視。早期革命體制的教育，乃置基於極爲進步的方法之上，故對兒童很少採

註三一　著者按：蘇俄學校的記分制，採 1.2.3.4.5. 的數字分等法，以五分爲滿分，一分爲最低分數。

取壓制或管理的方法，而着重其自身之活動。其後，俄國人將外國的理論與實施，完全擯棄，而採用嚴格的訓練方法。蘇俄領導階層的人物，咸以爲學校學生缺乏適當的生活經驗或知識，對於任何事情，當不能自作決定，而必須由成人代爲決定一切。教室的氣氛，雖仍極嚴肅，惟近年來已不及以往的嚴格。

共產黨人認爲一個兒童如果生長於一種秩序良好的社會、家庭及學校中，其擧止行爲，必能依循國家的規範，而成爲一個良善的公民。澳洲人艾西貝（Fric Ashby）指陳，俄國人認爲權威與自由，紀律與獨立，服從與自尊，是互相矛盾，難於兩立的。渠等以爲唯有依賴訓練及自覺的服從，始能使人格獲致充分之發展。

一九四三年，制定一種校內外學生行動管理規則，共計二十條，其中包括個人的整潔、師長的尊敬、教室內的言行，以及對長幼的態度等事項。凡年在十六歲以下的學生，晚間十時以後不准上街，學生時代非經特准或由成人陪伴者，不得進戲院或電影院。有的學校並於上語文課或擧行紀念會時，誦讀此項規則。

當一名小學生的行爲發生問題時，爲教師者首先須請求校醫，檢查身體，視其是否因生理缺陷而導致行爲異常。蘇俄的學校，未設兒童指導室，及心理或精神治療室，但其教師、校長及校醫，常與校務會議共同磋商有關兒童行爲指導問題。同時，並進行研究學生行爲的失常，與其家庭環境，有無關係，對於學生最有影響的，莫過於學生的行動違背經由級會及少年先鋒隊組織所制定的教室規約。此種行動，通常視爲反對集體的規則，而不祇是反對教師而已。

（四）學校午膳

自第二次世界大戰以來，學校午膳，普遍供應，迄今仍繼續辦理，並有日益擴展的趨勢。各校多於中午或午前，供應全體學生的熱食。蘇俄的學生，大都於午后三至五時之間，返家進正餐。學生用膳，除賴退休金維生的子女、榮譽軍人的子女，以及子女衆多的家庭，可免繳膳費外，普通家長，均須繳納子女的膳費。一般學生家長會，在特殊情況下，常協助學校，辦理膳食供應問題。戰爭期間，以及戰事結束以後，由於工作婦女的人數增多，故學校午膳，尤屬必要，若干學校並已開始供應晚餐。

若干公寓式的住宅區，如果大多數的已婚婦女，均在外工作，則此一地區的學校，即可延遲其散學時間至傍晚爲止。由於兒童在校時間延長，故學校須供應二餐或三餐，兒童的家庭作業，全在校內習作。且可在校參與俱樂部或其他娛樂活動，或散步，或在敎師監護下外出郊遊。年幼的兒童，可在校內小睡。高年級的兒童，則在學校附屬工廠，從事生產勞動。

二、八年制學校

蘇俄八年制學校，側重生產訓練及勞動生產的經驗。學生每日在校受課時間平均爲五小時，每週授課六日，其敎學科目及每週敎學時數如次：俄語及文學五小時，數學六小時，歷史三小時，地理二小時，外國語三小時，物理三小時，化學二小時，生物二小時，體育三小時，勞動訓練三小時，社會勞動服務二小時。學生所修之俄語和非俄語地區所授之地方語，常視爲主要科目。非俄語區的學校，通例由二年級起學習俄語；俄語區的學校，則於四年級起講授一種歐洲語。體育常爲全體學生所必修。蘇俄學校設置課程的目的，在使全體學生具有强固之科學及數學基礎，對於社會科學及現代政治的俄式解釋，得有明確之認識。

低年級課程表內，即列有勞動訓練，其訓練內容，以簡易手工藝訓練爲主，如女生之縫級，及男生之簡易工具的使用等。

自五年級起，通例設置多藝工場實習 (Polytechnic workshop) 課程。如簡易木工及車工、簡易金工及機械實習等。有時，男女學生學習相同之工場實習課程，惟一般女生，大都在縫級教室學習縫級工作。鄉區的學校，則以園藝爲全體學生之共同必修科目。一般學生所習之工場實習技能，均與其鄰近地區之工廠或農場業務具有密切關係。因此，一所學校如與電力工廠爲鄰，則學生所習之工場實習技能，即以電力業務爲主。學校所授之技術科目，如爲正規課程之一部分，均稱爲生產訓練。

有些學校，學生所習之生產勞動，可提早於五年級開始實施，但最遲不得超過九年級。莫斯科地區的學校，學生所習之生產勞動，除少數學校每週從事十二小時之生產勞動外，大多數的學校，其生產勞動時間，每週祇有二小時。此類生產勞動訓練，多於學校附近之工廠，或集體農場實施之，少數的學校，則在學校實習工廠內進行。由於普通多藝中等學校的職業訓練時間已予減少，故一般八年制中學的課程，亦將有所改變。

近年來有些八年制學校，類皆設置選修科目，令學生自由選讀，一反全部必修之傳統。惟學生選修各種科目，多以下列兩項原則爲基準：(1) 所選科目內容，須與必修科目有密切關係，學生爲加深其對某一必修科目之認識，進而達到課程標準要求的水準，乃以選科補足之。基於此項理由選讀者，爲數最多。(2) 所選科目，爲從事若干單元學習必備之知識，然必修科目並無此類科目之設置，遂以選修科目提高其學識素養。基於此項理由選修者，約佔選修學生總額的百分之五。一般學生所選科目，大都集中於下列各科：(1) 數學，佔選修學生總額的百分之三十至三十五；(2) 俄國文學，佔百分之二十五至三十；(3) 物理，佔百分之十五至二十；(4) 俄語，佔百分之十至十五；(5) 化學，佔百分之五至十。此外，約有百分之三的學生，選修歷史及社會科學；百分之二至百分之三的學生，選修生產實習及多藝訓練。更有小部分學生，選修生物、地理、工程畫、外國語及音樂。

最近若干八年制學校和八年制寄宿學校，特別注重某類科目之教學，如莫斯科地區的八年制寄宿學校，即加强現代語教學。又如莫斯科、列寧格勒 (Leningrad)、基輔 (Kiev) 及新西伯利亞 (Novosibirsk) 等都市所屬之八年制學校，大都增加物理及數學兩科之教學時數；西伯利亞 (Siberia) 地區，則計劃設置八年制寄宿學校，專收擅長科學或製圖的學生；有些地區的八年制學校，又延請大學講師，至中學講授物理及數學，以爲升學之預備。至於外國語一科，尤爲各地學校所重視；現今若干八年制學校，早則於一年級或二年級起開設外國語，遲則於五年級或七年級開始授外國語。

小學時期常由某一教員擔任某一年級的所有科目之教學，即一般人通稱之包班制；由八年制學校一年級起，即實行科任制，各種科目，分別由各科教員擔任教學。全體學生均修習同一之課程，在同一年級內，各生所修科目完全相同。通例依學生年齡而分級，惟十、十五及十七歲時舉行的循環性升學考試，對於學生的分級，則有延遲的影響。一般教師大都主張對於成績較差的學生，予以個別指導。

第二節　義務教育實施概況

一九一七年蘇俄十月革命前，帝俄時代，無論經濟與文化，均極落後。文盲佔全國人口總額的百分之七十五以上。其中非俄語地區的人民，具有閱讀及書寫能力者，爲數寥寥。根本無文字之民族，亦達四十有餘。

革命以後，蘇俄教育制度，卽產生急劇的改變。一九一七年十一月公布「公共教育制度之政策」(The Principles of the System of Public Education)，强調教育須以適應勞工大衆及全國兒童的需要爲基準。一九一九年第八屆共產黨全國代表大會，確定一項教育計畫，認爲學校教育的目的，在以共產主義的精神，教育新生代，使其獲致圓滿的發展。此種目的之達成，須經由下列方式，卽實施强迫教育及多藝教育(Poly-technical education)，直至十七歲止；普遍建立學前教育機構網；世俗學校各種科目之教學，一律使用本國語；加速培養新敎師；勞工大衆普遍參與教育工作。嗣後十年間，蘇俄政府卽實施强迫小學教育；於掃除文盲方面，尤具相當成效。

一九一八年訂頒「單一勞動學校規程」(Reglement über die einheitliche arbeitsschule)，規定一種單一學校型：其全部分爲兩階段，前段五年，後段四年，均爲普及的、義務的。該規程並明定學校教育免費，學用品免費，甚至午膳亦免費。

一九二三年十二月二十三日公布「單一勞動學校法」(Das Statut der einheitlichen arbeitsschule)，並未提及强迫教育，亦未明定學校教育免費辦法。實際上自一九二一年來，已徵收學費，不僅限於城市，且擴及鄉村；僅有所謂最貧苦之工人和農人方得免除。直到一九二五年以後，各共和國教育當局，方才各自發布命令，規劃普及學校教育辦法。在此等法令中，大率規定四年制之學校網，最遲至一九三三——一九三四學年度，當擴及於全體學童。爲推行四年制學校起見，蘇俄政府於一九二五年八月三十一日之法令，明定在實施義務教育之四年制學校尙未普設以前，限制設立七年制學校；並規定四年制學校與七年制學校之數目應爲二十與一之比。

就一般觀察，在城市中，義務教育幾已完全推行；但在鄉村則距普及尙遠。在此種情況下，莫斯科教育部，遂不得不於一九二八年決定，將原本規定俄羅斯共和國限於一九三三——一九三四學年度普及義務教育，更延遲至一九三六——一九三七學年度；卽十月革命後之第十九年。

一九三〇年八月十四日公布普及小學教育法，規定全國各地一律實施四年制教育。七年制教育，則計劃於工業城市及勞工住宅區施行。一九三四年第十七屆共產黨全國代表大會議決，全國各地一律實施七年制義務教育。至一九四〇年全部實施完成。惟因戰事影響，其成績未盡理想。

一九四九年秋，七年制義務教育，都市地區，大體實施完成，鄉區則於一九五二年，始全面施行。

第二次世界大戰後，第二個五年計畫期內，亦卽一九五二年十月，舉行第十九屆共產黨全國代表大會，確定全聯各共和國首都及最大工業中心和城鎮，實施十年制義務教育，並爲下一個五年計畫期內鄉區實施十年義務教育鋪路。

一九五九年，開始實施所謂「一九五八年赫魯雪夫改革」(The Khrushchev Reform of 1958)，蘇俄當局認爲全國各地以實施八年制義務教育爲宜，從而決定一體實施八年義務教育，迄今一仍舊貫。

第七章　日本國民教育

第一節　國民教育機關的設施

依日本學校教育法的規定，小學校和中學校卽爲日本國民教育機關。

一、小學校

(一) 小學校的教育目標

一般言之，所謂小學教育，係與大學教育及中學教育相對使用的，專指學校系統中最初階段的教育。就年齡言，屬於兒童期的教育；就內容言，爲全民共同的、一般的、基礎的及初級的教育。日本一向視小學教育爲初等教育。

日本現制小學，以一九四七年三月公布之學校教育法爲實施依據。該法第十七條規定：「小學校以適應身心發展，實施初等普通教育爲目的。」第十八條載明：爲實現此種目的起見，必須努力達成下列八大目標：(註三二)

1. 基於學校內外之社會生活經驗，對於人類相互關係，須養成正確理解、合作、自主及自治之精神。

2. 對於鄉土及國家現狀與歷史，須有正當之了解，並進而養成國際協調之精神。

註三二　參閱拙著：各國小學教育制度，一一八頁，正中書局。

3. 對於日常生活必需之衣、食、住、物產等，須有基本之知識與技能。

4. 對於日常必須之國語，須養成正確之理解及使用能力。

5. 對於日常生活必須之數量關係，須養成正確之理解及處理之能力。

6. 對於日常生活之自然現象，須養成科學之觀察及處理之能力。

7. 為謀健康安全之幸福生活，須養成必要之習慣，以圖身心調和之發展。

8. 對於能使生活充實愉快之音樂、美術、文藝等，須養成基本之理解及技能。

其次，就小學教育前一階段的幼稚園言，學校教育法未作一如小學之規定，須實施初等普通教育，但於教育行政上，却以為「所謂小學教育，係指小學及幼稚園的教育。」（文部省設置法第二條）是今後小學教育，或將年齡向下延伸，視幼稚園為初等教育，並與小學校連接，而採取統一的形態。

小學教育，素來視為義務教育之一部分。關於義務教育制度，日本憲法已有扼要規定。據日本憲法第二十六條所載：全體國民具有依法順適其能力，接受均等教育之權利。全體國民依法負有令其所監護之子女，「接受普通教育之義務，義務教育為免費。」教育基本法據以規定：「國民對其監護之子女，負有令其接受九年普通教育之義務。在中央或地方公共團體設置之學校，接受義務教育，免納學費。」（第四條）學校教育法復規定：「市町村須在所轄區內，設置學齡兒童入學所必須之小學校。」至於兒童入學，監護人對於「年滿六歲之子女，於屆滿後的第一個學年起，至滿十二歲之學年止，負有使其入小學校、盲聾學校或養護學校小學部之義務。」（第二十二條）同法第二十五條亦規定：設監護人因經濟原因，無法使其子女入學者，市町村須給予必要之援助。

與兒童義務敎育，具有密切關聯者，厥爲童工問題。爲保護兒童，使學齡兒童之入學不受阻礙，勞動基準法規定：「未滿十五歲之兒童，不得當作勞動者使用。」（第五十六條）此爲保障兒童受敎權益的法律措施。

（二）小學校敎學的內容

第二次世界大戰後，日本敎育當局對於小學敎育的內容，大加改革，此後並有大規模的修正；現行制度，係以一九五八年修訂之規則爲依據。其間經過一段過渡時期，至一九六一年起，全面實施。依學校敎育法第二十條規定，其施行細則載明：「小學課程，包括國語、社會、算術、自然、音樂、圖畫工作、家事、體育等科，以及道德、特別敎育活動和學校行事等。」（第二十四條）學校敎育法施行細則附表，亦列舉小學各學年各科及道德敎學時數的最低標準，並規定小學課程應遵照文部省公佈的「學習指導要領」（同規則第二十五條）。

「小學學習指導要領」，係基於此項規定，由文部省編製，作爲小學課程編制的標準，揭示課程編制的一般事項及各科四大領域的目標、內容和指導上應行注意事項。

敎科書的定義，乃「根據學科課程的構成，組織排列而成的學科主要敎材，以供敎學需用的兒童或學生使用之圖書。」（敎科書發行臨時措施法第二條）學校敎育法第二十一條亦規定：「小學校須使用經文部省審查合格的敎科書，或文部大臣核發著作權的敎科書。」關於敎科書的檢定，係按敎科書檢定規則實施，其審定標準，係根據「敎科用圖書檢定基準」檢定標準，力求與敎育基本法或學校敎育法規定之敎育目的，或與「學習指導要領」所定學科目標一致。各學科涉及之內容，亦應依照學習指導要領之規定。

（三）小學校的規模、學級人數與編制

依學校教育法實施規則的規定，小學班級數，以十二學級以上，十八學級以下爲標準。合乎此一標準的小學，僅佔小學總額的百分之二十一點三；超過此一標準的，有百分之十六點八；不及此一標準的，有百分之六十一點九。可見規模小於標準的小學，爲數甚多。

關於學級規模，依學校教育法實施規則及「有關公立義務教育各學校編班及教員定額標準之法律」規定，同一學年兒童編制的標準班級，各班人數爲四十五人。一九六五年度，每班人數在四十一至四十五人之間者，佔總額的百分之二十六點一。五十一人以上的班級，佔百分之零點四。設與五年前相較，已顯著減少。一九六九年，每班學生人數，平均爲三十三人。

其次，就編班方式言，小學班級以同學年兒童編制爲原則，遇有特殊情形，得採單級或複式編制。此外，尙可採二部制教學。

二、中學校

（一）中學校的教育目標

依日本學校教育法第三十五、三十六兩條之規定：日本中學校，在小學校教育基礎上，以適應身心發達，實施中等普通教育爲目的。爲實現此項目的，必須努力達成下列各項目標：（註三三）

1. 充分達成小學校的教育目標，以養成愛國及社會成員所必須之資質。

2. 培養社會上所需職業之基本知識技能，尊重勞動之態度，以及依照個性選擇將來出路之能力。

註三三　引自 Tetsuya Kobayashi: Society, Schools and Progress in Japan, 1976, p. 130.

3. 促進學校內外之社會活動，培養正確之感情，並養成公正之判斷力。

(二) 中學校的設立及修業年限

日本公立中學校，由市町村設立，亦有由若干市町村聯合設置者。其經費原則上由市町村負擔。國立及私立中學校，爲數極少。前者多係國立學藝大學之附屬中學，後者祇限於大都市。

此等學校與小學銜接，亦爲一種義務敎育機關，招收年滿十二歲的小學畢業生，修業三年，其入學不經考試。

(三) 中學校的行政組織

日本中學校的行政組織，依學校敎育法第二十八及三十四兩條之規定：中學校置校長、敎諭、養護敎諭及事務職員，必要時亦得置助敎諭，及其他必要的職員（如校醫、護士等）。遇有特別情形，亦可不設事務職員。敎諭司學生之敎育，養護敎諭則掌理學生之養護事項。

(四) 中學校的課程

日本中學校課程，分爲必修與選修兩種。必修科目有國語（日語）、社會、數學、理科、音樂、美術、保健及體育、工藝（技術，男生）及家事（女生）、道德、特別敎育活動。選修科目，包括外國語（通常爲英語），以及各種職業科目，如農業、工業、商業、水產、家事。選修科目不由學生決定，而由地方敎育當局依各地需要，與夫學生能力和志趣，酌情規定之。玆依一九六九年修訂公布，一九七一年起實施之「中學校學習指導要領」規定之敎學科目及每週敎學時數，表列如后：（註三四）

註三四　同註三三，p. 131.

科目	年級		
	Ⅶ	Ⅷ	Ⅸ
必修科目			
國語	5	5	5
社會	4	4	4
數學	4	4	4
理科	4	4	4
音樂	2	2	1
美術	2	2	1
保健、體育	3^+	3^+	3^+
工藝(家事)	3	3	3
道德	1	1	1
特別教育活動	1	1	1
選修科目	4	4	4
外國語	3	3	3
職業科目	1	1	2
(任選一種)			
總計	34	34	33

一九五一年，日本「中學校學習指導要領」，首次修訂時，中學校畢業生投考高等學校者佔畢業生總額的百分之四十六；一九六二年第二次修訂時，經查中學校畢業生志願升高等學校者，佔畢業生總額的百分之六十四；一九七〇年投考高等學校之中學校畢業生，高達總額的百分之八十五，其逐年之增加率爲百分之二。由於中學校學生志趣的轉變，致使中學校之職業科目日益不受重視；反之，却儘量與高等學校課程保持密切聯繫。

第二節　義務教育實施概況

一、法律依據

日本義務教育設施，明訂於下列各項法律:

(一) 日本國憲法

據日本憲法第二十六條規定:「全體國民依法負有令其子女接受教育之義務。義務教育應爲免費。」

(二) 教育基本法

據本法第四條規定:「全體國民負有令其所保護之子女，接受九年普通教育之義務。在國家或地方團體所設學校接受義務教育，免納學費。」

(三) 學校教育法

1. 實施義務教育的學校　依據教育基本法第四條規定，義務教育爲九年；學校教育法將其分爲小學校及中學校兩階段。

(1) 小學校　依據學校教育法第十七條所載，小學修業六年，以「實施初等普通教育爲目的。」

(2) 中學校　據同法三十五條規定，中學校招收小學校畢業生，修業三年（第三十七條），以「實施中等普通教育爲目的。」

(3) 盲學校、聾學校及養護學校的小學部和中學部　根據學校教育法第七十五條規定，盲學校、聾學校及養護學校應設置小學部和中學部，如有特殊情形，得單設一種。此等學校的目的，在爲盲者（包括深度弱視）、聾者（包括强度重聽）、精神衰弱或肢體障礙，以及病弱（包括身體虛弱）者，施以小學校及中學校之教育；爲矯治其缺陷，並須授以必要之知識與技能（第七十一條）。

2. 就學義務　學校教育法第二十二條規定:「保護人於其子女滿六歲之翌日以後的最初學年起，至滿十二歲時之學年終了止，負有令其子女就學於小學校，或盲學校、聾學校、養護學校小學部之義務。」第三十九條規定:「保護人於其子女修畢小學校，或盲學校、聾學校、養護學校小學部課程之翌日以後的最初學年起，至滿十五歲時之學年終了止，負有令其子女就學於中學校，或盲學校、聾學校、養護學校中學部之義務。」保護人如不履行此項義務，將科以一千日圓以下之罰鍰（第九十一條)。

3. 就學義務的延緩、免除及就學補助　凡學齡時期之小學兒童及中學學生，遇有疾病、發育不全或其他不得已情形時，得由保護人檢同醫生證明書及足資證明文件，向市町村教育委員會申請延緩就學義務或免學。（第二十二條）市町村對於家庭貧困，就學困難者，應給予必要的援助。（第二十五條)

4. 設置學校的義務　市町村應設置該區域內學齡兒童就學所需之小學校及中學校。（學校教育法第二十九條及第四十條）都道府縣須設置該區域內學齡兒童與學生中盲者、聾者、精神衰弱、肢體障礙或病弱者就學所需之盲學校、聾學校及養護學校。（第七十四條）惟市町村無法履行其設置小學校及中學校之義務時，卽須採取下列辦法:

(1) 市町村無力單獨設立學校，得與其他市町村聯合組成「學校組合」設置之。（第三十條)

(2) 市町村單獨或聯合設立學校均不可能或不適宜時，得將其全部或部分學齡兒童的教育事務，委託其他市町村或「市町村學校組合」代辦。（第三十一條)

(3) 市町村如無力負擔參加學校組合或委託其他市町村代辦教育事務之經費時，都道府縣應予以必要之經費補助。（第二十二條)

5. 保障教育的義務　學校教育法第十六條規定:「使用子女者,不得因其使用而妨礙子女接受義務教育。」藉以保障學齡兒童接受義務教育之權利。違反上項規定者,將科以三千日圓之罰鍰。(第九十條)

此外,爲保障學齡兒童之就學,「勞動基準法」第五十六條亦規定:「未滿十五歲之兒童,不得僱用爲勞動者,惟年滿十四歲以上之兒童,已修畢規定之義務教育課程,或同等課程以上者,不在此限。」足見義務教育完畢後,始得僱用爲勞動者。

同條第二項規定,爲顧及必須提早就業之學生起見,規定若干特定職業,對於兒童之健康及福利無害,且其勞動輕易者,得經行政長官之核准後,於授課時間外,僱用年滿十二歲以上之兒童。

復依「女子年少者勞動基準規則」第三、第四及第六各條之規定,未滿十五歲而擬就業者,須依照規定格式,塡具就業申請書,經學校校長及親權者或監護人之簽署,附繳戶籍證明,與僱用人聯合呈報當地勞工行政機關,經其核准後,發給僱用許可證明書。僱用人須將此項證明書懸示於工作場所。此即保障兒童接受義務教育之措施。

(四)學校教育法施行令及學校教育法施行規則

上述兩種法令,對於就學督導規則及有關履行就業業務之事項,規定頗詳。玆撮要述之:

1. 市町村教育委員會

(1) 編造學齡兒童名册,並將盲聾學童之名册副本,送交都道府縣教育委員會。(學校教育法施行令第一、第二兩條。)

(2) 將學生入學日期通知學生家長,並須將應入學之兒童姓名及入學日期通知該校校長。(同法第五條)

(3) 接獲學校校長有關學生長期缺席(連續七日以上)之通知時,或認爲家長未克盡所負之義務時,應督促學生家長令其子女就學或出席。

(同法第二十一條)

2. 都道府縣教育委員會 盲、聾學校因係都道府縣設置，故都道府縣教育委員會應根據市町村教育委員會所送之盲聾學齡兒童名冊，指定學校及入學日期，通知學生家長。

3. 學生家長或監護人

(1) 學齡兒童、學齡學生合於學校教育法規定之事由，得予緩學或免學，家長或監護人須持有醫生證明書或其他足資證明文件，向市町村教育委員會申請免學或延緩入學。

(2) 家長或監護人，接獲其子女入學通知時，如有正當理由，得向市町村教育委員會申請改分其他學校。(施行令第八條)

(3) 學齡兒童住址遷移時，其家長應即報告新居住地之教育委員會。

4. 校 長

(1) 調查在學兒童出缺席狀況。如無正當理由，連續缺席七日以上或出席狀況欠佳時，應即報告市町村教育委員會。(施行規則第十二條之三及第十二條之四；施行令第十九條)

(2) 遇有中途退學之學生時，應報請市町村教育委員會轉報都道府縣教育委員會。

(3) 學年結束後，應將修滿全部課程學生姓名，報告學生居住地之市町村教育委員會。

二、義務教育經費

(一) 義務教育經費負擔的分配

1. 依據一九五二年公布之「義務教育費國庫負擔法」規定，國庫應負擔都道府縣支付市町村之義務教育學校，及都道府縣設置之盲學校和韓學校教職員俸給等經費的二分之一，與夫各都道府縣和市町村義務教育學校教材費的二分之一。(見同法第二、第三兩條）可見日本中央政府，除負擔義務教育機關人事費外，尙負擔教學費用，值得吾人注意。

2. 依一九五四年由「地方財政平衡支付法」改稱「地方支付稅法」之規定，將國稅項下所得稅、法人稅及酒稅之一定比率（目前爲32%）定爲支付稅，分配各都道府縣及市町村，以保障地方財源之均衡。

3. 自一九四八年教育委員會法公布後，地方教育經費獨立權限，大爲擴充。依規定教育委員會應編列執學所需經費預算，送交地方首長；地方首長如擬減少此項預算，必先徵求教育委員會同意。如雙方意見不一，則提出於議會討論。惟自一九五一年起，由於推行總體行政，教育委員會的財政權，大部分移轉地方首長，是教育經費獨立權限，遂產生根本變化。

（二）義務教育免費制度

1. 教科書的免費供應　一九六二年三月公布「關於義務教育諸學校教科用圖書免費之法律」後，日本免費供應教科書制度，即經確立。據該法第一條第一項規定：「有關前項規定措置的必要事項，另以法律定之。」故日本政府遂於一九六三年十二月制定「關於義務教育諸學校教科用圖書免費措置之法律」，嗣於一九六四年二月公布「關於義務教育諸學校教科用圖書免費措置法律施行令」。政府當局即依據此等法令，逐年編列預算實施。至一九六六年，免費供應範圍，包括整個小學階段；其後逐年延長，至一九六九年，中學校學生已全部獲得免費供應之教科書。

2. 學校供膳　據一九五四年公布之「學校給食法」所載，諸如學校供膳目標、經費負擔分配、公私立小學設置主體、充實供膳設備之國庫補助，以及國家應以特別價格供應麵粉等，均有明確規定。一九五六年復加修訂，乃將此項法律之適用範圍，由小學擴大至全部義務教育學校；對於貧困小學兒童家長，國家和學校設置主體，應給予經濟補助。一九五七年第二次修正，將補助貧困兒童供膳費，擴展至中學校。

「學校給食法」第二條並載明學校供膳目標如次：(1) 使兒童了解食的行爲在生活中的重要性，並使兒童在會餐中學習民主生活方式。(2) 使兒童獲得良好食用習慣。(3) 使兒童由合理之食用方法及質量，而促進身體的健康。(4) 使兒童學習有關食用的科學化及合理化的生活。

3. 就學援助　依「學校教育法」規定：「市町村對於因經濟理由而感就學困難的學齡兒童、學生的家長，應予以必要的補助。」日本政府遂次第制定下列各項法律，以爲補助此等貧困兒童的根據。

(1) 生活保護法　一九四六年公布，一九五〇年修訂，規定對於貧困無力維持最低生活的兒童、學生，給予教科書、學用品、通學用品，及學校供膳等之補助。

(2) 關於就學困難兒童、學生就學獎勵之國家援助法律　此法於一九六一年公布，規定除免費供應教科書外，並對貧苦兒童及中學生，補助其參觀旅費的二分之一。

(3) 學校保健法　一九五八年公布，規定補助醫療費。

(4) 日本學校安全法　一九五九年公布，對於義務教育階段內，各學校學生給予負傷、疾病、癈疾、死亡及災害補助。

第八章　國民教育的綜合比較

第一節　各國國民教育的特點

一、美　國

(一) 小　學

1. 敎育目標　美國小學敎育目標，側重美國公民敎育之實施。經由語文及算術等基本科目，培養具有自治精神與自我指導能力之公民。

2. 學制　美國小學，大別爲新舊兩種制度。新制修業六年，舊制修業八年。前者與三年制初級中學或六年制高初級合設之中學銜接；後者升入四年制中學。此新舊兩類爲最常見之制度，全國各州尙有各種不同之制度。

3. 課程　美國各州小學的學日，彼此不一，大抵爲上午九時至下午三時半；每週授課五日，星期六休課。低年級的學日，通常爲三十分鐘至一小時，期以適應兒童學習之負荷力。

美國小學，旣無全國統一之課程標準，亦無固定之日課表；類多提供一種廣泛之課程計畫或課程指導，任由各地方敎育董事會依據當地實況自行增刪。至於每日敎學科目之安排，多係敎師與兒童共同商定，而富有高度之彈性。

近年來美國小學課程方面，有一明顯趨勢，即增加社會及自然學科之敎學時間，而減少語文及算術在敎學時數上所佔之比例。且有部分小學，將算術一科，延遲一或二年教學。

至於特殊兒童，無論智能不足、資賦優異或肢體殘障者，均有走讀學校設置特殊班級，施予特殊教育。亦有部分地區，設置寄宿學校，收受身心殘障之兒童，施以矯治教育。足證美國教育當局，對特殊兒童教育，極爲重視。

（二）初級中學

1. 教育目標　美國初級中學，旨在試探學生的興趣、能力及性向，以爲實施教育與職業指導之依據。

2. 學制　初級中學以實驗教育及心理學理論爲目的，招收六年制小學畢業生，修業三年。有單獨設置者，亦有與三年制高級中學合設者，爲美國六三三學制之一環。

3. 課程　美國初級中學課程，有三大特點：

(1) 採用混合科目：如英語及社會研究，社會研究與科學或英語，社會研究及科學等混合科目。

(2) 實施大單元教學法：如科學、社會研究、英語、美術、音樂、家事及工藝等相關科目，均採用大單元教學法。

(3) 注重必修科目：除初三設有選修科目外，三年內多爲共同必修科目。且規定英語及社會研究，須連續修讀三年。

此外，初級中學時代，每藉課外活動，以實施領袖及公民訓練。

（三）義務教育

一八五二年，麻薩諸塞州公布强迫入學法，實開美國義務教育之先河。迄今一百二十餘年，各州義務教育設施，日漸改進中。就年限言，長則十二年，短則八年，而以九年居多，充分顯示美國各地自治之分權精神。義務教育階段，除免試入學、免納學費、免費乘坐往返學校之交通工具外，並規定未滿十八歲之就業青年，應入補習班或部分時間學校，接受爲期二年以上之義務性的職業補習敎育。務期每一靑年，均能各習一技，以爲謀生之用。此項措施，値得吾人取法。

二、英　國

(一) 幼兒學校

1. 敎育目標　英國幼兒學校爲義務敎育機關，其主要目的，在使五至七歲之幼兒，獲得身心健全，德智兼備之發展，以奠定完善國民敎育之初基。

2. 學制　幼兒學校，上承初級學校，下接未滿五歲幼兒所入之保育學校 (Nursery School)，而成爲小學敎育機關之一部分。

3. 課程　除讀、寫、算之基本科目外，尙有宗敎敎育、自然活動及發表訓練，使兒童從實際活動中，充實其生活經驗，而力矯記誦書本知識之流弊。近年來特重家庭團體敎學法，以破除傳統之依年齡分級的制度。

(二) 初級學校

1. 敎育目標　英國初級學校，爲實施公共基礎敎育之機關，其主要目的，在培養身體健康，精神活潑之快樂兒童，待其成長，使能成爲知能雙全之國民。

2. 學制　初級學校，卽通稱之小學，成爲英國小學敎育階段之主流，負有實施國民基本敎育之任務。其上端三支並立，文法中學以升大學爲主旨，側重學術性課程之硏習；技術中學，爲具有顯著職業性向的學生，設置實用科目，期能從事較高水準之技術工作；現代中學，爲不適於接受上述兩種學校敎育的學生，實施一種文化陶冶及實用科目均衡發展的敎育。初級學校畢業生，於通過十一歲以上之考試，依成績高低，分別升入之。

3. 課程　初級學校的課程，不以傳授讀、寫、算簡易知識爲已足，而在實施個體之完善訓練；其重點不在知識之獲得與事實之搜集，而以活動經驗爲中心。

此外，英國初級學校的行政大權，全然操於主任教員手中；無論學生之分班、教師之輔導、課程之編制、科目表之排列，均由主任教員負責。此種情況，實爲其他國家所罕見。

（三）三類中學

1. 教育目標　英國文法中學，旨在招收優秀青年，施以學術教育，以爲升入大學之預備。技術中學，顯爲適應優異學生之需要，施以博雅教育爲基礎之技術教育。現代中學，以提供大衆化的中等教育爲目的，側重各類職業知能之傳授。總之，三類中學教育目標，有一共同特點，即以人文陶冶爲基點，實施升學或就業預備訓練；換言之，乃爲學生研究高深學術及從事各種職業之預備。

2. 學制　中等學校採文法、技術及現代之三分制，均以取得普通教育證書爲終點。一九六三年起，中才學生可參加中等教育證書考試。近年來爲使各地全體初級學校畢業生，得有接受全部而圓滿之中等教育的機會，乃普設綜合中學。三類中學並分別實施分組教學。

3. 課程　文法中學課程，側重古典和現代語文，宗教及體育，爲各校共同必修科目；並爲培養青年學生之責任感，乃由學生自行組織各種社團，從事各項課外活動，學生得自由參加。技術中學並非實施狹隘之職業教育，其科目名稱，多與文法中學同。惟技術中學課程之講授、考試及教材教法，則與文法中學有別。但特別注重工程及實用科目。現代中學課程，不以傳統科目爲中心，而側重農、工、商、護理、海事及藝術等職業科目之傳授。近年來現代中學爲協助學生參加普通教育證書考試，乃設置「專門」或「高級」課程，供學生選習。要之，三類中學的課程，均以語文與宗敎爲共同科目，顯有英國傳統士君子敎育的作風。

最後，尙有一事値得提及者，乃英國中等學校素採寄宿制，藉宿舍生活，增進學生人際關係，陶冶學生品德。

（四）青年學院

1. 敎育目標　爲年逾義務敎育期限而有志利用擴充敎育（Further education）設施自求進益者，擧辦全時與部分時間敎育，以提高國民之文化水準。

2. 學制　凡年逾義務敎育年齡而未滿十八歲或不願接受其他全時或部分時間敎育之青年，均可入院，接受義務性之部分時間敎育。修業期限，以三年爲度。在雇主同意時間內，每週授課一日或兩個半日。

3. 課程　青年學院課程，以文化性及娛樂性爲主，由民族舞蹈，戲劇，音樂，直到鄕村研究，兒童福利，以及現代語等，均經開設。

（五）義務敎育

一八七〇年，英格蘭首先實施强迫入學辦法，規定五至十歲之五年爲義務就學時期，歷經一百零三年，即一九七三年英國各地義務敎育年限，已延長爲五至十六歲之十一年。可見起步之義務敎育年限雖短，中經各次敎育法案，時予提高，今已成爲環球各國義務敎育期限最長的國家之一。英國經過兩次世界大戰，國力衰頽，百廢待擧，仍能排除萬難，竭力謀求全國學童之福利，保障學童之受敎權利，英國政府之重視敎育，可見一斑。尤其一九四四年敎育法案公布後，對於義務敎育設施，更有周詳規劃。除五至十六歲之在學兒童及青年，必須接受義務性的全時敎育外，未滿十八歲的青年，如不繼續受全時敎育，仍須受强迫性補習敎育二年。對於不受義務敎育的子女，除消極性的處罰其父母外，並有積極性的保障辦法及免受義務敎育的措施。身心異常的兒童，則有各項特殊教育方式，以助長其發展，務期殘而不廢，以達人人自立之境地。

三、法　國

(一) 小　學

1. 教育目標　法國小學，本乎「公共、免費及信仰自由」的教育政策，實施公民訓練，期使每一法國公民，皆能崇尚自由，尊重法律，既須擺脫宗教的約束，亦當遠離政治的控制。學校機關屬於中立性質，專以保障全體國民獲得基本之知識技能爲宗旨。

2. 學制　法國小學，以公立爲主。私立小學，多係教會設置者，而尤以天主教辦理的小學居多。此等私立小學，規模既小，數量亦不多，在法國學制上的地位不高。現制小學五年畢業，分三級授課；除預備班一年外，餘均爲期二年。新近通過之初等暨中等教育改革計畫，擬將小學改爲六年，仍分三級授課，每級二年，目前尙未普遍實施。

3. 課程　法國小學課程，一如其他國家，採學科中心；重在法國語文之教學，無宗教科目之設置。一切教學活動，教師均用直觀教學法，使兒童於觀察及接觸實際事物的情境中，直接體認客觀事物的變法，進而運用比較、分析、歸納及推理諸法，以探求事物的抽象原則。再將所獲得的原理原則，充分應用於實際生活。

(二) 中等學校

1. 教育目標　法國中等學校前段，雖分三組授課，但就國民教育觀點言，則以第二、第三兩組初級中學和普通中學爲主流。言其教育目標，在於實施普通教育，使學生從事高深學術及各種專門知識技能之預備。本質上注重邏輯習慣、批判思考，以及優良講述和書寫能力之培養。

2. 學制　現制法國中等教育前段，分爲初級中學、普通中學及國立中學初級部三類，均係四年畢業或結業；最後一種以升學爲主，前二種升學與就業預備並重。各類中學的學生，於肄業期間，得因事實需要，相互轉學或轉組。如不擬繼續升學或因成績較差之學生，得於第八學年期滿轉入職業預備班，肄業二年；於第九學年期滿轉入藝徒預備班，肄業一年，以完成義務教育。部分地區尙設置離學組或畢業班，以爲學生取得離學證書（畢業證書）或國民教育期滿證書之預備。至於修滿第三組實用班課程的學生，依規定須參加義務教育期滿證書考試，以完成國民教育之義務。

3. 課程　法國中學前段四年的課程，大別分爲兩段兩類。前二年和後二年各成一段。前段開設語文、數學等基本科目，歷史、地理等啓發科目，及美術、音樂等藝術科目三類，第三組的前段，加强輔導工作。後段二年，第一和第二兩組，開設拉丁文、希臘文及外國文等選修科目。第三組及職業預備班、藝徒預備班側重職業科目之研習。至於所謂兩類，一類重普通教育，一類重職業預備訓練。第一、第二兩組屬普通教育性質；第三組、職業預備班，及藝徒預備班等，屬職業教育性質。邇來又盛行兩種語言的混合教學。

（三）義務教育

一八八二年，法國義務教育已定爲七年，其間歷經七十七年，始於一九五九年延長爲十年，以迄於今。足見法國對義務教育期限之延長，極爲謹愼。同時，法國經過兩次世界大戰，國力損失奇重，經濟復甦遲緩，教育經費，甚感拮据。義務教育年限之未能加速延伸，或因此故也。目前凡入私立學校就讀，或在家庭自修之兒童，均視其爲義務教育之完成。如經父母證明，其子女須協助家庭從事農田工作，得准其缺席二個月。就先進國家言，法國兒童就學率之提高，成效不彰，尤以鄉村爲然。

四、西　德

(一) 基礎學校

1. 敎育目標　基礎學校爲西德學制之基幹，其敎育目標，在發展兒童個性，傳授基本知能，並培養道德的及負責的人格。故其課程編制及敎材選擇，均以上述目標爲依歸。

2. 學制　西德學制，素採基礎學校爲骨幹的分枝制度。凡受滿基礎學校敎育的學生，即可各憑志趣和能力，分別進五年制的主幹學校、四或六年制的實科學校，及九年制的文、理科中學，接受普通敎育或專業訓練，而不以大學敎育爲終點。

3. 課程　西德基礎學校課程，各邦不一，通常均設置讀、寫、算、歷史、鄉土地理、宗敎、音樂、美術和體育等科目。各科敎學俱以兒童鄉土經驗爲出發點，側重兒童人格之培養，及情感之涵泳。從不計較於知識之灌輸，及記憶之訓練，而以誘導兒童自發活動爲主，故特重觀察和實驗。

(二) 主幹學校

1. 敎育目標　收受基礎學校畢業生，實施普通文化陶冶，以奠定從事各種職業之根基。

2. 學制　招收四年制基礎學校畢業生，修業五年；六年制基礎學校畢業生，修業三年。凡修滿一、二、三年級課程者，得轉入實科學校或文、理科中學肄業。亦有在主幹學校增設第十學年者，以爲延長義務敎育至十年之預備。主幹學校畢業生，可升入職業建立學校、職業基礎學校、職業專科學校，及專科學校。

3. 課程　所授課程，與一般國家之初級中學無異，仍爲讀、寫、算等基本科目。近年來為適應學生能力與性向，英文、數學兩科，分A B兩組，實施分組教學。

(三) 職業學校

1. 教育目標 為就業青年，對其從事之職業，提供學理基礎。

2. 學制 招收受滿九年義務教育的就業青年，修業三年，採部分時間制。期滿可升專科學校。

3. 課程 職業科目，側重基本訓練；普通科目，加强德文、政治，及宗教等學科，以充實公民生活之知能。

(四) 義務教育

一七三六年，普魯士王威廉第一 (Frederick William I, 1688-1740)，頒布普通教育法，規定五至十三歲的兒童，必須受義務教育。故德國正式實施義務教育，迄已二百四十餘年，遠較英、法、義、俄等國為早。西德現制義務教育，有一顯著特色，即將部分時間制的職業學校，納入義務教育範圍。足見西德義務教育，除施以普通文化陶冶外，尚着重職業知能訓練。

五、義大利

(一) 小 學

1. 教育目標 義大利小學，其目的在培養心胸開濶，工作認眞，並竭誠為國服務的公民。故經由宗教、道德、公民、體育、歷史、地理，及職業科目之研習，以陶冶倫理道德及公民知識。

2. 學制 現制小學，分初高兩級：初級二年，高級三年。期滿通過考試者，領受小學畢業證書，並直升中間學校，接受後期國民教育。

3. 課程 小學課程，除一般讀、寫、算之基本科目外，特重宗教、公民及勞作等學科，期以培養精神振奮，身手矯健的公民。

義大利小學，有一顯著特色，即由一年級起，學童均備有筆記簿，以記載學校生活事項及讀書扎記，並按月按年保存。

（二）中間學校

1. 敎育目標　中間學校，實施介於學術性與職業性之間的普通敎育，以適應學生現實生活之需要，並爲未來作明智之抉擇。

2. 學制　五年制小學畢業生，免試升入中間學校，三年期滿，通過國家考試者，領受中間學校畢業證書。而後可投考各類高級中等學校，惟報考文、理科中學者，須通過拉丁文考試。

3. 課程　中間學校，除開設文史、數理及宗敎等科目外，二年級起加開拉丁文等選修科目，以適應報考文科或理科中學者之需要。爲輔導學業成績較差之學生，例於午后課外時間，設補習班免費爲學生補習。

（三）義務敎育

自一八七七年，考畢諾法規定六至十歲之兒童，須受四年制義務敎育以還，直至一九四八年，義務敎育延長爲八年，中經七十一年，僅延長四年，現今仍採八年制義務敎育。足證義務敎育工作之推行，至爲遲緩。此或爲義大利歷經兩次世界大戰，因受戰火蹂躪，國力貧困所致。惟義大利義務敎育設施，有二大特色：第一、在家庭受敎或私立學校畢業之學生，一如公立學校學生，概須參加國家考試，藉以齊一其敎育水準。第二、正常兒童之義務敎育期限至十四歲止，盲、聾、啞等異常兒童之義務敎育期限，則延長至十六歲。義大利政府對特殊兒童敎育權益之重視，由此可見。

六、蘇　俄

（一）小　學

1. 教育目標　蘇俄共產主義的理論，爲一切設施之最高指導原則，教育活動，自難例外。其小學教育目標，即在教育兒童，使有俄共愛國主義的精神。因此，蘇俄小學生，概須參加兒童團，以便熟悉集團生活的方式，及練習組訓工作的能力；進而養成服從紀律，崇尙權威的俄式善良公民。

2. 學制　蘇俄普通教育，共計十年，分爲小學、八年制學校（或稱不完全中學），及十年制學校（或稱完全中學）等三個階段。前兩階段屬義務教育，故修滿三年小學課程，通過升學考試，即升入八年制學校。

3. 課程　小學採核心課程，其教學用語，俄語或地方語均可。各科教學除令學生學習文字外，尤重書本知識與實際生活關係之了解。各種學科之解釋，悉本共產主義的理論，教師祇能按本宣科，不得獨出心裁。故教師常令兒童背誦教科書，期其獲得標準化的知識。小學三年除讀、寫、算等基本科目外，尙有生產訓練或生產勞動，期以培養兒童勤勞的習慣。

（二）八年制學校

1. 教育目標　蘇俄教育青年，重在使有愛護共產制度的精神，及爲民服務的情趣。故八年制學校的教育目標，簡言之，在培養社會主義國家所需之忠誠勇敢的公民，熱愛其祖國，並具備保衞國家的能力。

2. 學制　八年制學校以上，分四途升晉：(1) 二年制的多藝中學，倘與八年制學校合設，則稱十年制學校，側重生產訓練；(2) 四年制的技術學校，受半專業性的教育；(3) 半年至三年不等的職業技術學校，受單位行業訓練；(4) 二或四年制的部分時間學校，受工農性質的補習教育。

3. 課程　八年制學校課程，有四大特點：(1) 著重生產訓練或生產勞動，每週少則二小時，多則十二小時。(2) 俄語區的學校，由一、二年級起，開設外國語，非俄語區的學校，則遲至五年級開設外國語，均係歐洲語言。(3) 非俄語區學校，除地方語外，須修俄語。(4) 普遍設置選修科目，以便利學生升學。

(三) 義務教育

帝俄時代，封建落後，文盲衆多，目不識丁者佔全國人口總額的百分之七十五以上。一九一七年俄共攫取政權後，爲便於傳播馬列主義的思想，並使民衆具備各項五年計畫所需之工業及農業知能，乃强迫推行俄語，使一般少數民族，漸次俄羅斯化。掃除文盲的工作，才逐步展開。據蘇俄官方透露，全國識字人口的比率，今已提高至百分之九十八點五。至於義務教育之推行，極爲緩慢。一九一八年規定義務教育年限爲九年，但未能普遍實施；一九三〇年又規定全國一律實施四年制義務教育；一九三四年延長爲七年，至一九五二年，始全面施行。其後曾一度實施十年制義務教育，由於經濟貧困，乃無疾而終。一九五九年，蘇俄當局正式宣布實施八年制義務教育，以迄於今。當前各國義務教育的期限，大都開始時年限較短，後乃逐漸延長；惟蘇俄始長而後短，一反各國延長義務教育之常軌。

七、日　本

(一) 小 學 校

1. 教育目標　日本小學校，以實施人文、自然、社會及國際等均衡諧和發展的普通教育爲目的。爲適應兒童身心的發展，乃多方設法使兒童了解鄉土歷史及國家現況，具備衣、食、住、行等之基本知識技能，進而確切理解合作、自主及自治之涵義。

2. 學制　日本學制，仿自美國，採六、三、三、四制。小學校爲義務教育之初基，凡年滿六歲的兒童，概入小學校受六年義務教育，期滿升中學校，接受爲期三年義務性的中等普通教育。盲、聾、啞等特殊學校之小學部及中學部，亦列入義務教育範圍。

3. 課程　日本小學校課程，具有下列四大特點：(1) 全部課程，均爲必修，缺乏自由選擇的機會。(2) 家事爲五、六年級男女生共同必修科目；教學內容包括烹飪、手工藝、縫紉，及其他如掃除、洗滌碗盞等事項。(3) 注重寫字教學，自四年級起，與國語合併實施。教學項目，係用毛筆寫中國楷書。(4) 日本史地，不另設教學時間，僅於社會科內擇要講授。此外，小學各科教材，特重地域性，多從現實生活選擇；課程外另編「學習指導綱要」，供教師參考。

(二) 中學校

1. 教育目標　日本中學校，以實施中等普通教育爲目的，俾期養成愛國、勤勞及公正之國民。

2. 學制　日本中學校與小學校，同屬義務教育機關，均免試入學。中學校卒業生，可投考高等學校，通常制修業三年，定時制修業四年。或報考高等專門學校，修業五年。

3. 課程　日本中學校的課程，有二大特點：(1) 選修科目除外國語外，尚有農、工、商、家事、水產等職業科目；惟邇來由於升學主義風氣的影響，職業性選修科目，有日趨式微之勢。(2) 重視道德教育及班級性的特別教育活動。

(三) 義務教育

第二次世界大戰以後，日本義務教育延長爲九年，言其特點，有下列數端：(1) 義務教育內容，以普通文化陶冶爲主；(2) 盲、聾、啞等兒童，亦受九年之義務教育；(3) 義務教育階段之中小學，及盲、聾學校，養護學校，均由地方政府設置之；(4) 依法保障未滿十五歲之兒童，不得受雇爲勞動者；(5) 日本中央政府，除負擔義務敎育機關人事費外，尙負擔敎學費用；(6) 地方政府對於貧困的學齡兒童及學生家長，均予補助。

第二節 各國國民教育發展的共同趨勢

一、國民敎育目標政治化

美、英、法、德、義、俄、日等七國，國民敎育目標，雖各有重點，彼此間未盡相同，然均以養成健全國民，肩負建國使命爲終鵠。美國公立小學，以實施公民敎育爲中心工作。對於基本知識之傳授，及每一公民必備之習慣、理想、態度及技能之增進，視爲國民敎育階段內中小學之主要任務。英國初級學校，以傳授兒童享受一種美滿生活所需之習慣、技能、知識、興趣及精神態度爲主要目的，期使兒童身體健康，精神旺盛，待其成長，能爲國效命。至若文法、技術及現代三類中學，均以培養具有英國文化道統及現代生活知能的公民爲主旨。法國的中小學，素以擺脫政治干預及超然於黨派鬥爭爲中心信仰，但一般中小學的主要目的，仍在使學校成爲投票人員的訓練機關，而不是某一政黨的競選基地。故一切敎學設施，莫非使學生練習其觀察、反省、判斷與推理能力，進而獲得關於選舉投票的基本常識。西德基礎學校及主幹學校，均以發展學生個性，涵養民族意識爲主旨，故有關課程之編制，及敎材之選擇，莫不以啓發學生固有之潛能，助長其人格發展，而成爲德智兼備的善良公民。至於職業學校，則以配合民主國家建設之需要，充實公民實用知能爲目的。一切訓練不重在專門化的技巧，而以培養具有統御機器，運用思考單獨解決問題的技術人員。義大利的小學，其敎育目標爲創造淸晰的工作願望，以眞誠的心情爲祖國服務。中間學校則以適應學生身心發展及其社會經濟生活之需要爲目的；敎育目的與政治目的之一致，顯而易見。蘇俄的中小學敎育，旨在造就社會主義國家所需之勇敢公民，忠愛其祖國，並具有捍衞國家之能力。此無疑爲共產主義政府培養忠貞不二之幹部。日本的中學校，則明定養成愛國及社會成員所必須之資質爲敎育目標，國家主義的色彩，溢於言表。

綜觀上述七國，國民敎育階段各級學校的敎育目標，均以造就身心健全的國民爲基點，而以擔負建設社會、保衞國家、造福人群的使命爲終鵠。吾人深知環繞在一種敎育制度周遭的政治氣氛，常爲影響此種敎育制度發展的有力因素。敎育的本身並不能引發一種社會變遷，且深受本國的政治與社會趨勢的影響。世界上絕無任何政府容許一種宣傳革命的敎育制度，也絕不容忍對本國的基本政治理論或立國政治思想發表破壞性的批評。十九世紀及二十世紀初期，國家敎育制度，卽已建立，此足以反映各國對於敎育問題政治背景之重視。我們如由各級學校所用的歷史敎科書窺察，卽可了然於此。有些國家的敎學活動，顯得過分民族化，以致易於引起國際間的戰爭宣傳；一般共產國家及若干民主國家中小學的文史課本，常有這種民族偏狹的報導。他如民族間的惡感，激烈的商業競爭，新式武器的層出不窮，以及政治的歧見等，都將導致國際間的熱戰。國民敎育常被視爲維繫民族情感，增强國家實力的一種有效措施，有時固有良好的成績表現，有時却因偏於極端而釀成災害。當今各國，如能視國民敎育爲協調全民生活，增强國家實力，促進世界和平的手段，則國際合作可期，人類和平可待焉。

二、國民敎育對象全民化

所謂敎育對象全民化，乃指國民敎育階段內的受敎者，無種族、性別、語言、資質、財富、地區、社會地位、宗教及政治信仰之區分。近年來由於特殊教育的發達，身心異常的兒童，亦充分享受教育的權利。美國雖種族雜處，宗教團體林立，甚至語言不通，政治立場互異，然在美國化的教育政策下，無論土生人民及外國移民，均可入程度不同的學校，享受基本教育權益。英國本爲貴族與平民對立的社會，二十世紀以來，英國教育日趨單軌化；素爲貴族子弟獨佔的公學及牛津、劍橋兩大學，現已不復爲上層社會人士或貴族子女所專有。除國民教育機關普遍免費外，高級中等以上學校，亦有各種國家獎學金、補助金，獎勵清寒優秀子女就學。原有之宗教信仰限制，自一九四四法案頒布後，亦完全消除。法國的中學，素以選拔英才爲主旨，充分顯示階級的差異。凡能入中學受教者，均希望取得統治者和領導階層的職位。惟自第一次世界大戰以來，教育改革之聲，彼起此落，目前法國的學制，已趨於大衆化。原有之階級差異，已然消除；各級學校之轉換，亦稱便利；不但取消國民教育機關的學費，並減低高級中等以上各類學校的學費，改進各階段及各類學校間的聯繫，庶使智能優異的學生，得有較大之發展機會。西德的教育，原本爲雙軌制，其目的，一面在於造就一種智力聰慧、訓練優良的專家、領導者及官員；一面則爲培養一批幹練、服從的政治幹部和訓練有素的行業繼承人。歷經兩次大戰，西德的教育，日趨單軌化。現今凡屬入學年齡的西德兒童，一律入基礎學校，中經主幹學校，依其能力、性向及學業成績，分別接受學術性及職業性的教育。就小學教育言，西德小學初由教會主辦，至中世紀末葉，始由政府接辦。至十九世紀初期，由於學術思想的演進，民族意識的高漲，小學教育內容，乃轉變爲近代的國民教育。今日西德國民教育機關，祇有宗教科目，而無教會干預教育事務的事例。國民教育機關固免納學費，高級中學以上學校，亦儘量減低學費，以免因經濟條件，而妨礙成績優異者的升晉。義大利的憲法，亦明文規定凡屬國民，至少應受八年的免費敎育。人民有權要求達到最高敎育階段，且不因財力大小而有差異；政府應採用獎學金、補助金，及家庭補助或其他辦法，以保障人民敎育的權利。蘇俄，在沙皇時代，敎育爲貴族、富豪階級及政府官員子女的專利品，而由國家及敎會予以嚴密的管理。俄共革命成功後，首先爲境內無文字的民族，創造字母及書寫文字，並採用各種語言及地方語，編定文法，出版字典及敎科書。此等措施對文盲之掃除，頗具成效。目前爲貫徹國民敎育對象全民化的精神，高唱敎育無階級的口號，凡屬蘇俄人民，不分種族、社會成分及地區，一律享受八年免費的國民敎育。惟據權威人士報導，共黨高階層人士的子女，仍享有直升高中以上各級學校之特權。此顯爲無階級社會的階級壁壘。日本戰後摹倣美國學制，國民敎育體系，一本單軌精神，原來男女有別的措施，今已不復存在。更於國民敎育階段，實施免費，免除入學考試，及補助貧窮子女等辦法，兒童就學率，因而高達百分之九十九以上。依一九四七年公布之「敎育基本法」第三條規定：「全體國民均應有接受適應其能力的敎育機會，不因人種、信仰、性別、社會身分、經濟地位，或門第，而有敎育上的差別。」其受敎對象之全民化，極爲明顯。

總之，當今各國，無論國力貧富，政治立場及歷史久暫，皆本乎敎育機會均等的原則，儘量擴大人民受敎的機會，凡足以妨礙受敎機會的考試、評分、費用，及一切不必要的人爲限制，均設法消除。各國義務敎育期限，非僅逐漸延長，且分別免收學費、午膳費、交通費、醫療費、書籍費，甚至衣履費也在減免之列。若干國家並予國民敎育階段清寒學童的父母以經濟補助，其擴大人民受敎機會的措施，顯已日趨合理化、公平化。又爲本於民主精神，增加人民參與敎育事務的便利，乃設置若干團體或舉辦各項會議，延請人民代表參加。如美國之親師協會，參與學校課程之設計或制訂，英國之私人團體，參加中小學教育、青年活動、學校旅行，及各類成人教育活動等是。近年來開放政策，甚囂塵上，各國政府當局爲踐履開放政策，除高級中等以上各級各類學校容許私人辦理外，國民教育階段的學校，亦得由教會、私人及學術團體，設置切合自身需要之中小學，從事實驗性、宗教性及學術性之教學。

三、國民教育制度單一化

所謂單一化，乃是由國家建立一種統一的教育制度或學制，以促進由小學至大學階段，均便於轉換學校的一種單線教育階梯制 (Single educational ladder system)。此種制度，富有單軌精神，而實際設施上則採多軌適應的方式。宛如第一次世界大戰期間，法國主張的單一學制 (école unique)，與德國魏瑪共和時代倡議的統一學校 (Einheitsschule)。美國立國之日，即採單軌學制，任何兒童均可由小學經中學，而大學，直線升晉；形同梯形，由下而上成一連續不斷的階梯。美國國民教育階段，最通行的學制，有三種：(1) 八年制小學，繼以四年制中學；(2) 六年制小學，繼以三年制初級中學及三年制高級中學；(3) 六年制小學，繼以六年制中學。英國教育制度的變遷，極爲緩慢，由雙軌制改爲單軌制，也是經歷一段漫長的時間而來的。要言之，英國在二十世紀初期，才開始實施單軌制的教育。迨至一九四四年教育法案頒佈後，原爲地方公立學校、教會學校，與公學等三種學校對立的狀態，方逐漸消除。就國民教育階段言，小學方面，尚有平民的公立小學，與貴族的私立預備學校並峙；中學方面，有平民的公立中學，與貴族的私立「公學」對立。此種情況，雖爲英國單軌學制上之瑕疵，但無損於英國國民教育制度的單一精神。因爲現制初級學校畢業生，可依其成績升入文法、技術、現代三種中學之一種；前二種中學均以普通教育證書爲終點，現代中學畢業，則可參與中等教育證書考試，如考試成績屬於第一等，其程度與普通教育證書尋常級相若。近年來一般現代中學，大都開設專門課程，以準備學生投考普通教育證書。因此，學生的升晉，並未受到制度上的限制。法國早在第一次世界大戰時，「新教育制度倡導者」(Les Compagnons de l'Université Nouvelle) 等組織，即倡議建立一種平民學制，消除階級差異，便利轉換學校，取銷學費，並改進各級各類學校間的聯繫，期使智能優異的學生，得有較大的發展機會。一九四六年，「郎之萬計畫」報告書，其中亦主張各級教育，必須有單線、統一的制度；各教育部門的工作，亦應彼此聯繫。今日法國國民教育階段內，各級學校均相互聯絡；小學畢業直升中等教育前段的三類中學，修滿前段四年的課程，於取得義務教育期滿證書，或中等教育前段證書，而完畢國民教育之義務。此後，學生亦可依其成績、志趣，循序升晉。德國學制素以單軌精神，多軌適應為準則，自基礎學校而上，形成一幹多枝的體系。魏瑪時代，廢除以升學為目的預備學校 (vorschule)，而將國民學校前四年，定名為基礎學校，全國學齡兒童，不分社會階級和個人資質，一律入基礎學校。兒童由基礎學校升入中等學校的年齡提高至十歲，其後在任何年齡階段，均給予學生轉學的便利。今日西德仍採用一種以基礎學校為骨幹的分枝制度，凡受滿基礎學校教育的學生，即可各憑志趣和能力，分別入主幹學校、實科學校或長期性中學，接受國民教育、職業預備教育，或學術預備教育。現在為增加國民教育階段學生相互轉換學校的機會，西德各邦次第籌設綜合學校 (Gesamtschule)，將主幹學校、實科學校，及長期性中學的前六年，合併於一校，實施合作式或綜合式的教育。惟有部分的邦，將基礎學校與主幹學校合併設置，改稱國民學校。足證各邦國民教育制度，雖未盡一致，但大體趨向於統一。義大利自一九二八年十一月「普通教育法」(testo unico 1928 e regolamento generale 1928) 頒布後，國民敎育制，始歸於統一。依規定六至九歲的兒童，一律入三年制的小學；九至十一歲，入勞動學校，授以實用知能；十一至十四歲，入技藝學校，是爲義務敎育之完成。一九四八年一月公布「新共和國憲法」，明載義大利國民，至少應受八年的免費敎育。從而確定義務敎育爲八年，包括五年的小學敎育，及三年的職業預備訓練。現今義大利一仍舊貫，祇是將義務敎育的後三年，一律改設中間學校，施以普通文化陶冶，便於學生達成自身之目的。由此可見，義大利國民敎育制度，非僅全國統一，且便利學生升晉，不作過早之職業訓練。充分顯示單一精神。蘇俄自一九一七年俄共攫取政權後，全國學制，歸於一統。其全部學制，大別爲社會敎育、專業敎育及政治敎育三大部門。社會敎育包括學前敎育及中小學敎育；專業敎育包括職業暨技術敎育，及高等敎育；政治敎育與其他國家之成人敎育範圍略同。第二次大戰以來，中小學敎育，迭經變革。原採四、三、三制；一九五八年，改行四、四、三制；一九六四年復改爲四、四、二制；今則採三、五、二制，共計十年，前八年爲國民敎育，全國一體實施。受滿國民敎育後，則依學生成績及家庭成分，分別受技術性或學術性的敎育。足見蘇俄國民敎育制度，屬於政治性的單一升晉制。日本，在第二次世界大戰前，行雙軌制，戰後改採單軌制。惟戰前學制中，仍有單軌制因素存在，如統一規定小學修業年限爲六年，中等學校年限劃一，以及高等學校入學資格相同等是。現今日本國民敎育制度，全然單一精神，在制度上全國統一，中學校爲國民敎育之終結敎育，自是而上，直至高等敎育，全無階級限制。

總之，國民敎育爲一般國家之基本敎育，在學制上屬於初等階段。近年來由於各國義務敎育，年限次第延長，致使原屬初等階段的國民敎育，已逐漸向上延伸至中等敎育，甚至高等敎育階段。在初等敎育階段時，學生修業期限不長，且內容多屬生活必備之知識，故在同一學校受敎，尙未影響學生的志趣與出路；迨至延伸至中等敎育階段時，學生年齡漸長，能力各異，如仍保持單線直升制，勢難適應學生能力、性向與需要。於是各國敎育當軸，本乎單軌精神、多軌適應的原則，先後改革學制，以能上下銜接，左右貫通爲基準，儘量使小學至大學階段內的各級各類學校，保持有機的聯繫。學生求學期間，如遇志趣不合，能力不稱，得隨意轉換學校或學門。就國民敎育制度言，邇年各國政府，大都運用政治力量，制定統一的學制，使全體人民，各依其才智及志向之所宜，充分享受應得之敎育權利。

四、國民敎育內容普通化

所謂內容普通化，即施敎重點，側重普通文化陶冶及公民訓練。前者以傳授國民生活必備之基本知識技能爲中心工作；後者以培養國民道德及民族意識爲主要任務。美國小學嘗以兒童獲得基本知識與技能，列爲敎育目標之一，並爲培養公民態度起見，各科敎學均相機於兒童的經驗與領悟能力範圍內，使其了解社會經濟問題；故若干地區小學的課程，除語文、社會、自然外，尙有時事分析。又爲激發兒童的愛國思想，美國小學，設有社區課程，期以了解社區特質，而樂於爲鄉梓服務。美國中學課程，亦日益擴大，舉凡有關世界文化、國際關係、經濟學、社會學、心理學、敎育學、電子學，以及其他新興科目，均在不斷增設中。其主要目的，莫非使美國中學生，重視美國現制政府的價值、理想與成就，進而引發其熱愛祖國的情懷。英國「公立小學敎職員手册」中，即明載「傳授兒童享受一種美滿生活所需之習慣、技能、知識、興趣及精神態度。」爲初級學校敎育目標之一。英國敎育家普遍强調學校敎育應與校外環境保持密切聯繫，咸以爲學校負有訓練兒童認識和了解校外環境的職責。故英國小學，設有地方研究或自然研究的課程，從事當地氣候、物產、名勝古蹟等的調查研究，以增進兒童關於自然、地理及歷史之基本知識。中學的課程，雖因學校性質而異，但均以發現男女學生的特殊能力、鍛鍊其技能、訓練其公民資格及責任感爲主要任務。祇是文法中學，特別注重學者風度及知識訓練而已。法國小學，以「確保全體國民皆能獲得基本知識與技能」爲宗旨，故所設課程，除讀、寫、算等基礎科目外，尙有實物教學及基本科學知識。又爲培育兒童民族意識，加强當地環境的了解，乃設置環境研究一科目。法國小學的一般特徵，即是以民族信仰的普通文化原則爲基礎。法國人以爲小學應維護民族的團結，故須對全體兒童授予法國民族的共同文化遺產；加强使用視爲統一因素的共同語言；促使兒童信仰並尊重國家對世界文化的貢獻，進而確認法國文化的領導地位。法國初級中學與普通中學，亦特別强調喚起學生注意環境問題，並授以有關公民權責、經濟及社會生活的基本知識。現今法國若干學校的歷史和地理教師，正從事此項知識傳授之實驗。關於道路安全規則的教學，亦爲各校所重視。西德基礎學校課程的實施，每藉遊戲作業以發展兒童之潛能，進而授予國民生活必需之基本知能。課程組織，則以兒童鄉土經驗爲出發點，家庭園圃、街市、鄉野、學校、工廠、農場等，均爲兒童活動的場所；本地史事，及鄉土地理，皆爲具體之教材。教兒童運用地方語言表達其思想，憑藉圖畫、手工之類的實地作業，發展其能量；至於音樂、體育、唱遊等，德人亦視爲鍛鍊兒童身心，激發愛國情操的手段，故極爲重視。至於主幹學校，除經由文史、社會及自然等學科，充實其升學及就業之知能外，並於課餘之暇，令學生自行組織「學習小組」，學習音樂、戲劇、舞蹈、園藝、工藝及攝影等，教師從旁指導，期以鼓舞學習興趣，增加生活情調，而塑造活潑進取的德國公民。義大利最高教育當局，認爲當前義大利的教育，應以消除一般未成年的公民在精神上所表現的一種愚昧狀態，進而培養兒童、成人或公民的創造精神。所以中小學的課程，俱以實施義大利公民的基本訓練爲主，而著重公民責任感、互尊與互助，以及一般社會服務活動的訓練。尤其加强倫理法則、宗教教育、道德、公民、體育、歷史及地理的教學。至於中間學校的課程，並未具有傳統中學的研究學術和文化的氣氛，祇是施予青年一般的陶冶，使青年得有較多的時間，發展自己的興趣和能力，學習必備的知識，對個人的未來，作明智的抉擇。義大利教育家，咸認中間學校宛如一間試驗室，使青年在校眞正學會服務國家、建設社會的本領。所有的課程應與整個國家的一切制度密切配合，而構成一種完整的體系。蘇俄當局認教育爲一種理論傳授及宣傳的工具，且不以學校的正式教學時間爲限，而滲透於每人整日生活的各方面。故小學課程，輒以教兒童愛護其蘇維埃祖國、人民及領袖，培養兒童的集體精神，並使其養成工作與組織的習慣爲中心目的。例如地理教學，側重每一事實及各種情況的經濟意義之敍述，期使學童對於蘇俄之經濟生活，具有明確之了解。歷史教學，旨在就共產主義的觀點，對學生解釋各種歷史事件的關係，以及現代世界上各種事件的前因後果。至於八年制學校，則使全體學生深切了解在國家發展過程中勞工地位的重要性爲主要任務。因此，在課程實施上，特別注重生產訓練和生產勞動的經驗。蘇俄教育當局宣稱：八年制學校設置課程的目的，在使全體學生具有强固之科學及數學基礎，對於社會科學及現代政治的俄式解釋，得有明確之認識。日本教育基本法第一條，即規定以培養愛好眞理與正義，尊重個人之價值，重視勤勞與責任，充滿自主自立心情的身心健全國民爲目的。學校教育法又確立小學教育目的，以適應身心發達，實施初等普通教育爲目的。對於鄉土及國家現狀與歷史之了解，與夫國際協調精神之養成，特別重視。故小學課程之實施，側重道德判斷力之培養，民主眞諦之詮釋，基本人權之尊重，史地知識之澈悟，以養成開明進步的國民。中學校亦以實施中等普通教育爲目的，惟側重社會必備職業之基本知識技能的學習，以養成善於選擇將來正當出路的能力。故中學校的課程，乃避免偏重普通教育，儘量適應地方的實情，而將課程分爲普通課程與職業課程兩類，使文化陶冶與職業預備相偕並進。課程之實施，重視學生自動自發的學習態度，了解本國各項設施的眞相，具備世界性的眼光，並有應用職業知識的能力。

總之，當今各國國民教育階段的各級學校，大都運用文史科目，實施普通文化陶冶，以激發學生的愛國思想和民族意識；對於社會學科及自然學科之教學，除使用教科書外，並使學生從實際的社會或自然環境中，體認事物之眞相。質言之，即由直接環境中，培養學生對地方文化之欣賞力，期其愛護鄉土，進而忠愛國家，樂於爲祖國服務。至於藝能學科，則用以鍛鍊學生身心，養成勤勞習性，增加生活情趣，孕育團隊精神。

此外，尙有兩種共同趨向，值得一提:

一、國民教育人員專業化

無論國民教育的行政人員，及國民教育階段各級學校校長、教師，一般國家大都設有師範或教育院校專門培養，施以哲學、教育學、心理學及社會學等專業知識的訓練，期滿尙須益以若干時期的實習，並通過學校或國家考試，始可取得任用資格。

二、學校建築設備現代化

中小學校舍建築，當今各國均以堅固、實用、安全爲基準；校園之美化，以富有教育意義爲上；教學和運動設備，則日趨電氣化及機械化。至於校址之遠離市區，場地之但求廣濶，交通之注重便利，環境之講求安靜，尤爲各國建校之通則。

下篇　我國國民敎育制度的改進

第一章　我國國民敎育制度的演進

我國古代敎育，僅有小學及大學兩級，鄉設小學，稱爲鄉學，平民子弟入之；國設小學及大學，稱爲國學，貴族子弟入之。大約天子太子，諸侯世子，八歲入小學，十五歲入大學；公卿大夫元士嫡子，十三歲入小學，二十歲入大學；餘子十五歲入小學，十八歲入大學。八卿以下先敎子於家庭及里塾，故內則有「十年出就外傅」之文；而平民未任役之餘子於歲事已畢時入里塾，距冬至十五日出學傳農事。其優異者移鄉學，移國學，升入大學；其不能升學者仍退而爲農。大小學之敎學科目，不外德行道藝；小學重六藝，曰禮、樂、射、御、書、數，大學崇四術，曰詩、書、禮、樂。周禮大司徒以六德六行六藝敎萬民，保氏師氏分別以三德三行及六藝敎國子，可見六藝爲貴族及平民所通習。然貴族子弟升學之機會多，平民子弟就學之機會少；其重心在敎「國子」，不在敎萬民，其目標在造就治天下方術的「國士」，不在造就具有生活基本知能的國民，故祇可稱爲「國士敎育」，不得謂之「國民敎育」。今所謂國民敎育，乃全國人民一律應受之基本敎育及補習敎育，其目標在於培養國民道德基礎，注重身心健康訓練，並授以生活必需之基本知識技能。在本質上顯與古代舊敎育之意義有別。

近代國民敎育，應遠溯於歐洲的基督敎；復經民族運動、民主政治及工業革命三大因素的影響，乃由德國擴展至歐美各國，以至於世界各地。我國近代新興的國民敎育，卽深受世界潮流的影響而產生。玆將近代我國國民敎育的演進，約略言之，藉作硏究現制的張本。

第一節　清末的國民教育

光緒二十八年，張百熙奏擬學堂章程，史稱欽定學堂章程。張倣日制，將整個敎育分爲三段七級。第一段卽爲初等敎育，分蒙學堂、尋常小學堂，及高等小學堂三級。

蒙學堂以改良私塾爲宗旨，修業年限爲四年。課程爲修身、字課、習字、讀經、史學、輿地、算學、體操等八科。尋常小學肄業三年，合蒙學堂爲七年，定爲義務敎育。課程爲修身、讀經、作文、習字、史學、輿地、算術、體操；高等小學肄業年限亦爲三年，除上述各科外，加授古文辭、理科、圖畫，或加一、二農工商實業科目，而免受古文辭。高等小學以外，另設簡易農工實業學堂，以容納尋常小學畢業生之未能升入高小者。

光緒二十九年公佈張百熙、張之洞、榮慶等草擬之奏定學堂章程。此項章程，仍將整個敎育分三段七級。初等敎育階段，分爲蒙養院、初等小學堂及高等小學堂三級。與初小同級者尙有藝徒學堂，與高小同級者有初等實業學堂，及實業補習學堂，此爲我國推行補習敎育之始。

蒙養院爲兒童受敎育的初步，其宗旨「在於以蒙養院輔助家庭敎育，以家庭敎育包括女學。」兒童入院年齡以三歲至七歲爲度，每日授課不得超過四小時，以附設於育嬰堂及敬節堂爲原則。

初等小學堂以「啓其人生應有之知識，立其明倫愛國之根基，並調護兒童身體，令其發育」爲宗旨。定七歲入學，五年畢業，內分兩科，一爲完全科，一爲簡易科。完全科課程有八種：即修身、讀經、中國文學、算術、歷史、地理、格致、體操；此外視地方情形，加授圖畫手工。簡易科課程有五：即修身讀經、中國文學、史地格致、算術及體操。音樂一門則以讀古詩歌謠代之。讀經規定孝經、四書、禮記節本，爲完全必讀之書。

高等小學堂以「培養國民之善性，擴充國民之知識，壯健國民之氣體」爲宗旨。學生以修畢初等小學課程爲合格，初辦可酌予變通。修業期限，定爲四年。教學科目有九種：修身、讀經、中國文學、算術、歷史、地理、格致、圖畫、體操，此外得視地方情形，加授手工、商業、農業等科。修身及讀經教材爲四書、詩經、易經，及儀禮的喪服經傳。仍以古詩歌代音樂。

奏定學堂章程有云：「初等小學爲養正始基，各國均認爲國家之義務教育。東西各國政令，凡小兒及就學之年而不入學者，罪其父母，名爲强迫教育。蓋深知立國之本全在於此。」又謂：「此項學堂，國家不收學費，以示國民教育，國家任爲義務之至意。」然所稱國民教育，僅限於男子，據章程所載：「少年女子，斷不宜令其結隊入學，遊行街市。」

光緒三十一年，廢科舉設學部，嗣即咨行各省籌施强迫教育。據咨文內稱：「現在預備立憲，非教育普及不足以養成國民資格。」同時釐訂强迫教育章程十條，規定「各村設蒙學一處」；「幼童至七歲須令入學」；「幼童及歲不令入學者，罪其父兄。」

光緒三十三年頒佈女子學堂章程，此爲我國女子教育正式列入學制之始。此項章程，規定設女子小學堂及女子師範學堂。女子小學堂「以養成女子之德操與必須之知識技能，並留意使身體發育」爲宗旨。內分初高兩等：女子初等小學堂，入學年齡以七歲至十歲爲合格；女子高等小學堂，以十一歲至十四歲爲合格。女子初等小學堂課程凡五科：修身、國文、算術、女紅、體操，以音樂、圖畫爲隨意科；女子高等小學堂課程凡九，除前列五科外，加授中國歷史、中國地理、格致、圖畫四科，而以音樂爲隨意科。初高等女子小學堂，均係四年畢業，但須與男子小學堂分別設立，堂長及教務，均須以女子充當。

小學堂章程，自光緒三十一年成立學部後，有兩次變更：一在宣統元年，一在宣統二年。第一次將初等小學分爲三類：一爲依舊五年畢業之完全科；二爲四年畢業之簡易科；三爲三年畢業之簡易科。課程亦有修改：完全科加音樂一門，而將歷史、地理、格致併入文學讀本內教授。讀經一科，時間教材均減少，而且規定前二年不讀經。簡易科課程以修身、讀經、中國文學、算術，爲必修科，仍以國文鐘點佔最多，體操在城市爲必修科，在鄉村爲隨意科；圖畫、手工仍爲隨意科。第二次修改，將三類初等小學併爲一類，一律定爲四年畢業，簡易科名目，一律取消。課程以修身、讀經、國文、算術、體操爲必修科，以手工、圖畫、樂歌爲隨意科；讀經鐘點較前更少，前兩年全不讀經；授課時間減少，一二兩年每週二十四小時，三四兩年每週三十六小時。高等小學課程亦酌加修改，主要者爲減少讀經一科之資料與時間。此外，尙有簡易識字學塾章程，分爲半日學校、義務學校、平民補習學校，及改良的私塾；其意在普及教育於民間，使無力讀書之平民子弟或年長失學之民衆有受教育之機會。課程有簡易識字課本、國民必讀，及淺易算術；授課時間，每日以二時至三時爲限；修業年限，學齡兒童以三年爲原則，年長失學者，自一年至三年不等。此項措施，殆爲我國正式實施民衆教育之始。

綜觀清季光緒末年至宣統初年，因事實之需要，原有欽定及奏定學堂章程，迭有改變；就國民教育言，最要者厥爲女子學制之確立，小學年限之縮短，教學科目之歸併，讀經分量之減少，及簡易識字學塾之設立。大體言之，均係代表一種進步的趨勢，而爲中華民國的國民教育奠定良好的根基。

第二節　民國初年的國民教育

國父　孫中山先生領導革命，建立民國，專制政治之教育，乃變爲民主政治之教育。民元學制，高等小學校改爲三年，初等小學校仍爲四年畢業，爲義務教育，畢業後得入高等小學校或乙種實業學堂。小學廢止讀經，初等小學校男女可以同學。此外，初等小學校及高等小學校均設補習科，爲畢業生欲升他校補習學科兼爲職業上之預備，均二年卒業。

小學校以「留意兒童身心之發育，培養國民道德之基礎，並授以生活所必需之知識技能」爲宗旨。初等小學之教學科目，爲修身、國文、算術、手工、圖畫、唱歌、體操，女子加授縫紉；與前清課程不同點，爲刪除讀經、地理及理科，而特別注重手工一科。高等小學科目除與初等小學相同者外，加課本國歷史、地理及理科。女子加授縫紉，男子加課農業，並得視地方情形，改農業爲商業，加課英語或其他外國語。與前清科目不同之點，亦爲廢除讀經，及減少授課時數。

民國四年，仿德國學制，改初等小學爲兩種：一名國民學校，以符義務教育之實；一名預備學校，專爲升學之預備，均四年畢業。是年公布國民學校與高等小學章程，劃清地方權限及經費負擔，並頒佈辦理義務教育命令及施行程序，殆爲全國義務教育計畫之始；但以帝制擾攘，未曾實行。民國七年十一月，教育部正式公布注音字母，八年頒佈國音字典，九年教育部採用全國教育聯合會的建議，將國民學校之國文改爲國語，是爲小學課程之重要改革。

第三節 新學制公布後的國民教育

清末民初教育界的有力分子，多係留日學生，因地理與文字接近的關係，當時留學者以日本留學生居多。民國六、七年後遊美返國者漸多，在社會上形成相當勢力。於是當時美國盛倡之六三三四制，又移植於中國。此爲民國十一年廢舊制行新制的主要原因。

民國十一年，教育部頒布學校系統改革令，以美制爲張本，正式採用新學制，分學校系統爲初等教育、中等教育及高等教育。

關於初等教育設施，其要點如次：①小學修業年限，定爲六年，但得依地方情形，延長一年。②小學得分初高兩級，前四年爲初級，得單設之。③義務教育年限，暫以四年爲準，各地方至適當時期，得延長之，義務教育入學年齡，各省區得依地方情形自定之。④小學課程，得於較高年級，斟酌地方情形，增置職業準備之教育。⑤初級小學修滿以後，得予以相當年期之補習教育。⑥幼稚園收受六歲以下之兒童。⑦對於年長失學者，宜設補習學校。

民國十三年一月，中國國民黨第一次全國代表大會宣言，條列對內對外政綱，其中第十四條有「厲行教育普及，以全力發展兒童本位之教育……」等語； 國父逝世時，且有「喚起民衆」之遺教。十五年七月，故總統 蔣公率國民革命軍北伐，不三年而統一全國；自民國十六年國民政府奠都南京後，即極力推行兒童義務教育及民衆補習教育。徒以地廣人衆，文盲佔人口總額百分之八十；全國教育普及，非一蹴可幾。十八年教育部頒佈民衆學校辦法大綱；十九年四月，第二次全國教育會議，通過實施義務教育計畫及實施成人補習教育計畫。此等計畫，尙屬周詳，但兵燹之餘，國力維艱，所需經費浩大，籌劃每感無術，故此一計畫未能見諸實施。二十一年六月，敎育部公佈「短期義務敎育實施辦法」，「第一次實施義務敎育辦法大綱」及短期小學或短期小學班課程標準；同年十二月，國民政府公布小學法，二十二年三月，敎育部公布小學規程。據規程所載，小學分爲三種：即完全小學、簡易小學，及短期小學。完全小學仍分初高兩級，六年畢業。簡易小學爲推行義務敎育的一種變通辦法，有全日制、半日制、分班補習制三種；前二種定四年畢業，後一種至少修足二千八百小時始得卒業。課程照部定小學課程標準，但得視地方情形，減少圖畫、音樂、勞作等學習時間，僅授常識、國語、算術、體育等科。短期小學爲救濟年長失學的兒童而設，凡年滿十歲至十六歲之年長失學的兒童，均應入短期小學。短期小學採分班敎學制，每日授課二小時，修業期限一年，以識字爲目的。課程設國語一科，包含史地、公民、算術、自然等常識。

民國二十三年十一月，中國國民黨第四屆中央執行委員會第五次全體會議通過實施義務敎育標本兼治辦法案，規定「自二十四年度起，爲實施義務敎育開始時期，以短期小學或短期小學班爲實施義務敎育場所；……由中央指定的款，力爲補助。並令各省市自二十四年度起，各撥的款，專爲實施義務敎育及推行小學二部制之用。」是年，敎育部根據中央決議，訂定五年普及全國義務敎育計畫；即自二十四年度起，付諸實施；是爲第一次推行國民敎育五年計畫。二十四年，部頒實施義務敎育暫行辦法大綱，規定分三期進行普及義務敎育：第一期內，各小學區設置一年制短期小學；第二期內，將一年制短期小學，改爲兩年制；至第三期再改爲四年制初級小學。此項計畫，大體尙稱完善，可惜因受抗戰影響，未能如期完成。

第四節　新縣制實施後的國民教育

民國二十七年四月中國國民黨第五屆四中全會開會時，　蔣總統在「改進黨務與調整黨政關係」一篇訓詞中，曾述及改進縣行政制度問題，並親自草擬縣以下黨政關係的系統圖，全會因之擬成「改進地方行政組織確定地方自治基礎」之提案，決議通過，交由中央規劃實施，是爲新縣制產生的原因。嗣後，行政院成立縣政計畫委員會，遵照　蔣總統指示要點設計，經國防最高委員會審核，製成「縣各級組織綱要」，於二十八年九月十八日，由國民政府公布，於是新縣制始正式成爲新制度。

「縣各級組織綱要」，對於國民教育有下列重要之規定：

一、各鄉（鎭）設中心學校。

二、鄉（鎭）長、鄉（鎭）中心學校校長，及鄉（鎭）壯丁隊隊長，暫以一人兼任之；在經濟教育發達之區域，鄉（鎭）中心學校校長以專任爲原則。

三、鄉（鎭）公所設民政、警衞、經濟、文化四股，各股設主任一人，幹事若干人，由副鄉（鎭）長及鄉（鎭）中心學校教員分別擔任。

四、各保（卽村街）設國民學校。

五、保長、保國民學校校長、保壯丁隊隊長，暫以一人兼任之；在經濟教育發達之區域，保國民學校，校長以專任爲原則。

六、保辦公處（卽村街公所）設幹事二人至四人，分掌民政、警衞、經濟、文化各事務，由副保長及保國民學校校長分別擔任。

民國二十九年三月，教育部爲配合縣各級組織綱要起見，訂頒「國民教育實施綱領」。該綱領第二條內，規定國民教育分義務教育及失學民衆補習教育兩部分，應在保國民學校及鄉鎭中心學校內同時實施。全國六足歲至十二足歲之學齡兒童，除可能受六年制小學教育者外，應依照綱領受四年或二年或一年之義務教育。全國十五足歲至四十五足歲之失學民衆，應依綱領分期受初級或高級民衆補習教育，但得先自十五足歲至三十五足歲之男女實施，繼續推及年齡較長之民衆。其十二足歲至十五足歲之失學民衆，得視當地實際情況及其身心發育狀況，施以相當之義務教育或失學民衆補習教育。從此，兒童義務教育與民衆補習教育冶爲一爐。同年三月十一日，召開各省（市）國民教育會議，決定自二十九年八月起，全國實施國民教育五年計畫。

三十三年三月，國民政府公布「國民學校法」，廢止小學法，國民學校始正式取得學制上之合法地位。

國民學校法之要點有四：

一、國民學校實施國民教育，應注重國民道德之培養及身心健康之訓練，並授以生活必需之基本知識技能。（第一條）

二、國民教育爲六歲至十二歲之學齡兒童應受之基本教育，及已逾學齡未受基本教育之失學民衆應受之補習教育。（第二條）

三、國民學校分設兒童教育及失學民衆補習教育兩部，均分高初兩級。兒童教育之修業年限，初級四年，高級二年；失學民衆補習教育，初級四個月至六個月，高級六個月至一年。

四、中心國民學校之兒童教育，高初兩級合設。各保國民學校，設初級，必要時並得設高級。但失學民衆補習教育，均設高初兩級。（第五條）

本法不用義務教育之名，而以基本教育代之；廢止所謂短期小學，而失學民衆補習教育延長至一年；國民學校高級階段修業年限，較西德少二年，初級階段適與其基礎學校相等。然此所謂基本教育，實統指初級高級而言；不過依部訂國民學校及中心國民學校規則，學齡兒童得受四年或六年之基本教育，頗有伸縮餘地。至補習教育乃未受基本教育者之從頭補習，非已受基本教育者之繼續教育；失學民衆與學齡兒童同入國民學校；分爲兩部授課，自是中國國民教育的特色。

第五節　憲法頒佈後的國民教育

中華民國憲法於三十五年十二月二十五日經國民大會通過，於三十六年元旦由國民政府公佈，其有關國民教育之條文如次：

一、人民有受國民教育之權利與義務。（第二十一條）

二、教育文化，應發展國民之民族精神、自治精神、國民道德、健全體格、科學及生活智能。（第一五八條）

三、國民受教育之機會一律平等。（第一五九條）

四、六歲至十二歲之學齡兒童，一律受基本教育，免納學費。其貧苦者，由政府供給書籍。已逾學齡未受基本教育之國民，一律受補習教育，免納學費，其書籍亦由政府供給。（第一六〇條）

五、教育、科學、文化之經費，在中央不得少於其預算總額百分之十五，在省不得少於其預算總額百分之二十五，在市縣不得少於其預算總額百分之三十五。其依法設置之教育文化基金及產業，應予以保障。（第一六四條）

依照上述規定，人民受國民教育，不僅爲義務，而且爲權利，自不必單以義務教育稱之；不僅免納學費，而且由政府供給書籍，自可以保障機會之平等。我國一般教育文化之最高原則，槪依三民主義；基本教育與補習教育，均屬國民教育。學齡兒童「一律受基本教育」，失學民衆「一律受補習教育」，語氣遠較國民學校法爲强化；而「發展國民之民族精神、自治精神……」，更補充其所未備。教育部爲配合憲政，又有第三期推行國民教育五年計畫；行憲伊始，適値戡亂，中央及地方教育文化經費，均勉强求符合憲法規定；市縣教育經費用途，自以國民教育爲主，中央及省仍撥款補助之。三十六年九月，聯合國教育科學文化組織，首在中國南京擧行遠東區基本教育研究會議；中國籌備委員會曾草擬基本教育實驗區計畫綱要，經與聯合國教科文組織所擬草案合併爲實驗示範設計計畫綱要，提經大會通過；並建議此種設計之一，可在中國施行。據中國代表團出席會議之感想及建議一文所引述：「中國人不識字者居大半數，失學兒童尙有四千五百萬人之多，失學成人尤佔多數。」其建議則以下列四點最爲重要：

一、學齡兒童之義務教育應增加年限，延至六年（邊疆地區得暫定四年）；成人補習教育應充實內容，增加效率；而普及基本教育時期則從今以後，至長不得超過十年。（原六）

二、目前全國教育經費用之於基本教育者，僅佔百分之三十，……今後中央應將國家教育經費部分至少百分之十五辦理並補助基本教育；……必要時並得經地方民意機關之同意，徵收基本教育稅。（原七）

三、基本教育工作人員，應有合理的任用及保障，其待遇必須提高；除底薪必須充分增加外，生活津貼應照公務員標準支給……。（原九）

四、推行語文教育，應利用國音字母，厲行國語教學，規定字彙及詞彙，並使文字之繁複者趨於簡化，以增加教育之效率。（原十二）

聯合國教科文組織所倡導之基本教育，包括兒童教育、民衆教育，「特別重視一切人民之共同基礎」，其意義及範圍，與我國所推行之國民教育相同。教育部正擬寬籌經費，集中力量，一面以基本教育實驗區爲重點，謀質之提高，一面仍補助各省市國民教育經費，謀量之擴充；祇因大陸變色，一切落空。

第六節　九年國民教育實施條例訂頒前的國民教育

政府播遷來台，本建立三民主義模範省之旨意，大力建設，銳意革新。舉凡政治、經濟、軍事及社會等建設，無不一日千里，進展神速。教育設施，尤多新猷。台灣地區各級學校固大量增加，學齡兒童之就學率，亦日益提高。據民國四十四學年度統計，學齡兒童就學率，已達百分之九十二點三二，與先進國家相較，並無遜色。惟以初級中學容量有限，致國民學校畢業生之投考初中，每有劇烈競爭，因而國民學校高年級相率從事惡性補習，此不僅戕賊兒童身心，且影響國民教育之正常發展。教育當局有鑒及此，乃於民國四十四年以部令頒佈「發展初級中等學校方案」，期於民國四十五學年度將國民學校畢業生之升學率，由百分之三十九提高至百分之五十，並擬由臺灣省政府教育廳訂定五年計畫，使五年後國民學校畢業生之升學率，能達百分之九十。教育部為推行上述方案，自民國四十五學年度起，指定台灣省新竹縣為教育實驗區，以改進中小學教育為實驗目標，其實驗內容，分為下列十二項：(1) 國民教育；(2) 社會中心教育；(3) 童子軍教育；(4) 四健運動；(5) 音樂與藝術教育；(6) 電化教育；(7) 勞作教育；(8) 科學教育；(9) 成人補習教育；(10) 鄉土教育；(11) 圖書館教育；(12) 民族精神教育。

民國五十二年五月，故總統　蔣公巡視金門，指示金門地區，研究試行九年制國民教育，藉為全國倡導。福建省金門縣賡即研訂實施方案，並確定辦理原則如次：(1) 國民不分貧富與性別，義務教育機會一律平等；(2) 先行展開，再求進步；(3) 先集中，後分散，再進至全面推行；(4) 不抵觸現行教育法令；(5) 課程暫按部定標準實施。嗣即依據上項原則，訂定「金門縣試行延長國民義務教育實施辦法」，呈轉教育部核准試辦。民國五十三年於金門縣金城鎮與建初級中學一所，着手實施延長國民義務教育為九年，招收縣內國民學校應屆畢業生，分八班授課。以後依次設立金湖、金沙兩所初級職業學校及金寧、列嶼兩所初級中學。並於民國五十六年八月，一律更名為國民中學，原訂六年完成之計畫，提早三年完成，成效卓著。

民國五十六年六月二十七日，故總統　蔣公在總統府　國父紀念月會訓示：「我們要繼續耕者有其田政策推行成功之後，加速推行九年義務教育計畫。以我們現階段社會經濟發展的成果，來解決九年義務教育問題，一定可以樂觀厥成。現在世界各國，民智大啓，我們已不能再滿足於六年義務教育的現狀。我們每一個家庭都有兒女，每一個父母也都希望自己的兒女受到良好的教育。政府祇要根據「取之於民，用之於民」的原則，結集社會上的力量，就可以辦好這一保育下一代民族幼苗的義務教育，亦就可以根本消除惡性補習的痼疾病根，以實現三民主義模範省的教育建設，而也就是保證耕者有其田與平均地權的成果於可大可久，貫徹我們均富的主張，實現　國父民生主義理想的大政至計。」政府遵照　蔣公明智決策，乃積極籌劃。旋於五十六年八月十五日，由行政院公布「九年國民教育實施綱要」，確定國民中學劃分學區，輔導私立初中，及前屆國民學校畢業生就學處理等三項原則。復於民國五十七年元月二十七日以總統令公佈「九年國民教育實施條例」，全國一體遵行。我國劃時代的九年國民教育，於焉開始。據六十六學年度統計，國民小學階段學齡兒童就學率，已高達百分之九十九點五七；國民小學畢業生升學率達百分之九十四點二一；國民中學畢業生升學率達百分之六十。我國國民教育之普及，已躍居世界教育發達國家之林。

第二章　九年國民教育的法律依據

「九年國民教育實施條例」(民國五十七年一月二十七日　總統令公佈。)爲我國新制國民中學之唯一法律依據。其中有關國民中學之設施，規定如次:

一、爲提高國民教育水準，適應國家建設需要，實施九年國民教育，特制定本條例。(第一條)

窺其旨趣，延長國民教育年限，爲提高國民教育水準之必要手段，國民教育水準提高以後，國民參與國家生產建設之智能，必隨之增高，可知國民教育之中心目的，厥爲培養國家建設所需各部門的幹才。今日國民中學課程設施能否適應此一需要，值得全盤檢討，且提高國民知識水準，除延長修業年限外，尙須兼顧制度之修訂、師資之培育、課程之調整，與夫設備之充實等。否則，必將事倍功半，難期完善。

二、國民教育分爲二階段: 前六年爲國民小學，後三年爲國民中學。(第二條)

依「國民學校法」之規定，國民教育包括已逾學齡未受基本教育之失學民衆應受之補習教育，足徵此次延長國民教育年限，僅以兒童應受之基本教育爲限，對於失學民衆補習教育應如何安排，條例中未見隻字提及，殊覺未當。

總統手令「革新教育注意事項」(民國五十七年二月十日)，對於國民教育之充實，曾有剴切之訓示:「國民教育準備，應再進一步延伸及於社會教育，予以爲國民小學及國民中學，可舉辦成年男女職業教育夜間補習班，以教育其學校附近未受職業訓練之男女，在生活上、常識上、家務管理上、家庭工業上、子女教育上、環境衞生上……使之經濟有效，有條不紊，並當確認此爲社會改造之基本工作，以補以往國民教育之不足。」足證延長國民教育，並非單以緩和小學畢業生之升學競爭及消除國民小學之惡性補習爲着眼點，尤須側重培養社會建設幹才及奠定社會改造之基本工作。故此一條款內，對於失學民衆補習教育，應就識字教育及職業訓練二項，分別予以詳密規定。

三、國民中學應由地方主管教育行政機關依據行政區域、人口、交通及國民小學分佈情形，劃分學區，分區設置，容納本學區內國民小學畢業生。（第三條）

衷考學區劃分之原則，除依據前述四項外，尙應顧及經濟和文化水準兩種條件。蓋經濟發達之區域，必爲商業繁盛，人口集中之地方，其國民中學之設置，在數目上勢必相對增加，如徒以行政區域爲範疇，而定設校增班之標準，將使就學學生之人數，在各校間難期均衡，教學水準不易齊一。至於文化水準，尤未可忽視。如某一地區多係知識分子之住宅區，其對子女之期望及國民中學之要求，必較一般地區爲高，然本區內之國民小學數目及其畢業生人數過少，不符設置國民中學之標準，勢必擴大學區，收容鄰近地區不同知識水準之人民的子女，同班受教；由於人民要求各異，自當增加施教之困難，且學生程度不一，在教學上尤多障礙；故爲少數文化水準較高或較低之區域，設置小型國民中學，實施切合人民需要之教育，當爲明智之措施。又偏僻地區，學生人數過少，每不符單獨設校之條件，如以城鎭爲中心，設置國民中學，其居住邊遠地區之學生，往返學校費時良多，非但妨礙學生身心發展，且將發生不可預測之困難，如徒以普通行政區域爲疆界，勢必窒礙難行；設能由鄰近兩縣，在邊界地區，設置聯合國民中學，上述之困難，必可迎刃而解。其設校所需經費，依縣籍學生人數之多寡而定負擔之比率。

四、爲培養國民教育師資，並提高其素質，應建立教師之儲備及進修制度。(第九條)

國民教育之課程既採九年一貫制，則國民中小學師資養成機關，勢必彼此聯繫，密切合作，無論宗旨、課程及體制，均須趨向齊一。今國民小學之師資，由師範專科學校負培育之責，國民中學教師，則由師範大學及師範學院訓練，兩種機關間施教方針既彼此不一，課程設施，亦各有偏重，國民教育課程九年一貫之目的，自難達成。如能另設國民師範學院，專司國民中小學師資培育之責，非但可以消除中小學教師間之鴻溝，且能維持國民小學應有之水準。原有師範專科學校即可廢除，師範大學以養成高級中學師資爲宗旨，其入學資格、修業年限，及課程標準另行議定。至於國民師範學院，得招收初中或國民中學卒業生，肄業七年，其中學科六年，實習一年，如招收高級中學或同等學校畢業生，則修業四年，包括三年學科訓練、一年教學實習。

其餘各條，以篇幅所限，從略。

關於國民教育的性質，在法令上因無明確之詮釋，乃形成執行上或實施上之偏差。愚意以爲中華民國之國民教育，須具備下列之特質:

1. 就教育性質言，國民教育爲一種强迫教育。國家爲造就國民資格，涵養國民之民族性，必採强迫手段，迫令人民接受國民教育，如將國民教育視爲非强迫教育，則國民知識水準，固難齊一，國民性格，亦難形成。國家建設所需之幹才，尤不易獲得。

2. 就教育任務言，國民教育爲一種國語教育。除殖民地、自治領及託管地外，一般獨立國家，莫不以推行國語，爲國民教育之主要任務。觀乎我國各地方言盛行，國語日趨式微，殊堪惋惜。由於語言隔閡，非僅情感不易溝通，且將形成濃厚之地域觀念，對於國民意志之統一，影響甚大。

3. 就教育內容言，國民教育爲一種普通教育，而不是一種狹隘的職業教育。當今先進國家，其國民教育機關，無不側重普通文化之陶冶。關於此點，先總統 蔣公曾有明確之昭示：「國民中學教育，應以啓發其立志向上，愛國自强之精神，並應强調對國民基本之知識、民族文化之淵源……之學習。」（錄自 蔣總統手令革新教育注意事項）。又於同一手令中，蔣總統指示：「九年國民教育制，以養成民族倫理與固有文化—即四維八德之習尙，以及初級歷史地理之常識，務使其能了解現代國民對國家社會應盡之義務與責任，不失爲愛國愛民，堂堂正正之現代國民爲教育方針。」可知現代國民之培育，絕非「兼顧就業及升學之需要，並加强職業科目及技藝訓練。」所能奏效者，必以我國固有文化及西洋現代文化爲中心，養成現代的國民。所謂現代的國民，須具備四大特質：第一、對於國家的任務及國家與個人的關係，具有相當之理解和識見。第二、具有優異之經濟的職業能力。第三、品德高尙而能爲國家服務者。第四、認識國際情勢，而能爲促進國際合作之工作效力者。

4. 就設立主體言，國民教育爲一種國家教育，而非私人或宗教團體辦理的教育。世人每以全體國民教育水準之高低，度量國家實力之大小，故求國民教育之普及，國家即不能規避主持國民教育之職責。是實施九年國民教育所需之經費，除由省（市）縣（市）籌措財源外，中央政府亦須在財力許可範圍內，儘量給予經費上之補助；以免因地方財源之豐歉，影響國民教育之推行。依我國憲法第一六三條之規定：「國家應注重各地區教育之均衡發展，並推行社會教育，以提高一般國民之文化水準，邊遠及貧瘠地區之教育文化經費，由國庫補助之，其重要之教育文化事業，得由中央辦理或補助之。」國民教育自爲重要之教育事業，勿待費辭。依現況言，由中央辦理殊覺難能，如由國庫給予適當之經濟補助，並無不當。

5. 就推行方法言，國民教育爲一種免費教育。一方面國家爲酬答國民克盡當兵納稅之義務，遂設立不收費之學校，使人民接受適當的教育；另一方面國家爲求國民教育之普及，乃以免費相號召，增進國民受教之機會。故一般國家，均以免費作爲推行國民教育之方法。惟依「九年國民教育實施條例」第六條規定：「國民中學學生免納學費，其他法令規定之費用，清寒學生免收之。」足見我國國民教育，僅以免納學費爲已足，與國民教育之本質，殊難切合。

附　「九年國民教育實施條例」

中華民國五十七年一月二十七日（五七）臺統(一)義字第六六四號　總統令公佈
中華民國五十七年二月三日行政院臺（五七）教字第〇八五七號令

第一條　爲提高國民教育水準，適應國家建設需要，實施九年國民教育，特制定本條例。本條例未規定者，適用其他有關法律之規定。

第二條　國民教育分爲二階段：前六年爲國民小學；後三年爲國民中學。

第三條　國民中學應由地方主管教育行政機關依據行政區域、人口、交通及國民小學分佈情形，劃分學區，分區設置，容納本學區內國民小學畢業生。

第四條　國民小學當年畢業生由主管教育行政機關分發所在學區國民中學入學。在本條例施行前國民學校畢業生年齡未超過十五歲志願就學者，予以輔導入學或接受技藝補習教育。

第五條　私立初級中學應依照國民中學課程標準辦理之。
私立初級中學辦理成績優良，適合所在地區需要者，得指定爲代用國民中學。

第六條　國民中學學生免納學費，其他法令規定之費用，清寒學生免收之。另設獎學金名額，獎勵優秀學生。

第七條　地方教育行政機構應加强其組織，並設置國民教育推行委員會。

第八條　國民教育之課程採九年一貫制，應以民族精神教育及生活教育爲中心。

國民中學繼續國民小學之基礎，兼顧就業及升學之需要，除文化陶冶之基本科目外，並加强職業科目及技藝訓練。

第九條　爲培養國民教育師資，並提高其素質，應建立教師之儲備及進修制度。

第十條　國民小學應就原有國民學校基礎，促進教學，注重兒童身心均衡發展；各項設施應符合規定標準。對於體能殘缺、智能不足及天才兒童，應施以特殊教育或予以適當就學機會。

第十一條　實施九年國民教育所需經費，由省（市）、縣（市）政府就省（市）、縣（市）地方稅部分，在稅法及財政收支劃分法規定限額內籌措財源，逕報行政院核定實施，並不受財政收支劃分法第十八條但書之限制。

第十二條　凡私人或團體捐贈辦理九年國民教育者，依捐資興學褒獎條例之規定，從優獎勵。

第十三條　實施九年國民教育所需建校土地，得依下列各款擴充之：

一、撥用公地。

二、收回其他機關使用之公地。

三、原都市計劃公共設施保留地，必要時得變更爲學校用地。

四、捐獻之土地。

五、依法徵收之私有土地。

第十四條　本條例施行細則，由教育部定之。

第十五條　本條例施行區域，由行政院以命令定之。

第十六條　本條例自公佈日施行。

第三章　國民中小學的課程問題

第一節　國民中小學課程標準的變遷

一、國民小學部分

民國五十七年一月「九年國民教育實施條例」公佈後，我國原有國民學校一律改稱國民小學，其教學科目在九年一貫之精神下，分爲下列八類:

1. 生活與倫理; 2. 健康教育; 3. 語文學科; 4. 數學科; 5. 社會學科; 6. 自然學科; 7. 技能學科; 8. 團體活動。

生活與倫理，原稱公民與道德，遵故總統　蔣公指示，改易今名，旨在注重公民品德之陶冶與實踐，使知行趨於一致。

健康教育，頗富積極意義，旨在培養兒童之健全身心及衞生習慣。

語文學科，包括說話、讀書、作文及寫字四項，而以語言與文學並重爲特色。

數學科，包括筆算與珠算，期使兒童熟悉珠算技能，以爲日常計數之所需。

社會學科，低年級側重常識，中高年級稱爲社會，使兒童對於一般社會生活，具有基本之認識。

自然學科，在使兒童對於自然現象，具有基本之了解與正確之觀念。

技能學科，包括唱遊、體育、音樂、美術及勞作，惟音樂、美術若以技能稱之，似乎過於蔑視藝術特質，進而抹煞兒童藝術興趣。近已改稱藝能學科，自較允當。

團體活動之設置，立意甚善，惟以獨立科目稱之，而忽視羣性之陶冶，與人羣關係之適應，似覺不妥。

二、國民中學部分

國民中學教育目標，在於繼續國民小學之基本教育，發展青年身心，陶融公民道德，灌輸民族文化，培育科學精神，實施職業陶冶，充實生活知能，以養成忠勇愛國、德智體群均衡發展之健全國民，並奠定其就業或升學之基礎。為達成上項目標，乃設置下列諸科目：

1. 公民與道德；
2. 健康教育；
3. 語文學科；
4. 數學科；
5. 社會學科；
6. 自然學科；
7. 藝能學科；
8. 職業陶冶及其他選修科目；
9. 童子軍訓練；
10 團體活動及指導活動。

公民與道德一科，為國民中學建立後，由原有初中之公民擴充而成；旨在培育以四維八德為中心的道德觀念，陶冶善良品性，發揚中華民族固有的美德。本科目之教材組織，係以公民道德為經，公民知識為緯，從個人逐漸推廣至家庭、學校、社會、本國以及於國際等方面，將道德與知識加以融會貫通。惟吾人以爲公民與道德教學之主旨，非僅灌輸公民應具之知識，而當注重公民品德之陶冶與實踐，使知行趨於一致。故對生活規範實踐活動，必須認眞輔導學生研習。

健康教育，改制以前之初中，稱生理及衞生，其教學主旨，在使學生享受健康之生活，一面培養學生之正確健康態度，藉以促進健康行爲之發展；一面提高其應有之健康知識，俾有適應現代生活之能力。惟吾人以爲健康知識之獲得，遠不及養成健康態度與健康習性之重要。故教學時教師的儀態與習慣，必須嚴守健康原則，俾便以身作則，而生積極之影響。

語文學科，分國文及外國語兩科：國文教學主旨，不在語法詞藻之研磨，而須利用講授國文的機會，養成學生的倫理觀念、民主風度，及科學精神，藉以激發其愛國思想，進而宏揚我中華民族之固有文化。外國語實係英語之別稱，其施教旨趣，在於養成運用現代淺近英語之基本能力，以達成聽、說、寫、讀四種能力兼備之目的。惟吾人以爲外國語文之學習，上述四種能力之養成固未可或缺，惟如何透過語言文字之學習，進而體認外國民族之優良風尙及文物，以作國人自立自強之借鏡，其重要性，尤不可小視。

數學之重要，由各國中學之類皆設置可以想見。其教學主旨，在使學生了解數與形的性質及關係，並熟悉運算之原則與方法；惟吾人以爲數學科之教學，不宜重在各類習題之演算及各種公式之運用，而當提供學生日常生活中之數量知識，藉以啓發其研究自然環境中數量問題的興趣。

社會學科，包括歷史及地理兩科。歷史科之教學主旨，一面在使學生明瞭我中華民族之演進及歷代疆界、政治與社會生活之演變；而經由外國史之學習，使學生了解生世界先進民族演進之概要、時代的趨勢，以及我國在國際上的地位與責任。其尤要者，當從建國悠久、文化燦爛的史實中，使學生認識我中華民族的傳統精神，以啓發復興國家責任之自覺。

地理一科，除使學生了解我國版圖之演變與地理概況外，尙須由廣土衆民的事實中，激發學生的愛國觀念，養成學習地理的智能及興趣。至於外國地理，則在使學生明瞭世界地理概況，及我國當今之國際關係。

自然學科，包括自然科學中之生物、物理及化學三部分。生物部門，植物與動物並重，旨在培養學生接觸自然、觀察、採集和研究之興趣，進而了解生物與人生之關係。物理部門，則藉實驗和觀察等方法，以培養學生對物理科學之研究興趣，從而使學生了解人類利用自然及克服自然之科學知識。化學部門，一面在於指導學生運用觀察及實驗方法，獲得與日常生活有關的基本化學知識，使其發生自動學習的興趣；一面在鼓勵學生於日常生活中發掘與化學有關的問題，並用科學方法謀求解決，以培養良好的科學態度。如能輔導學生設計簡單化學實驗及所需簡單器材，以發揮其潛在的創造能力，尤當列爲化學教學的重點。

藝能學科，包括體育、音樂及美術三科。體育方面，不宜側重體育技能之獲得，而當以養成愛好運動之習慣，建立康樂生活之基礎爲重心，如能培養學生之運動道德，奠定良好之國民德性，增進身心活力，使機體得以均衡發育，尤爲未可或缺之要旨。音樂一科，除培養學生唱歌與演奏樂器之技能及創作音樂之興趣外，尤當給予學生欣賞高尙音樂之機會，以激發愛好音樂之興趣，並提高其欣賞能力；如能養成學生快樂活潑奮發進取之精神，樂羣合作忠勇愛國之情操，更宜視爲音樂教學之基本功能。至於美術一科，其教學主旨，在於增進學生日常生活有關事物的「美」、「實用」及「經濟」三種價値的正確見解；惟其所選敎材，尤當儘量配合時代性及地方性的需要，並進而指導學生認識我國藝術之優良傳統，使其有光大固有藝術之志趣。

職業陶冶科目，分必修與選修兩類：必修科目有工藝（女生家事），及職業簡介兩科；選修科目有作物栽培槪說、製圖、珠算、作物栽培、農產加工、禽畜飼養、金工、電子工、簿記、統計製圖、膳食管理、服飾縫製及家庭電器等。

工藝科目，舊稱勞作，其目的在指導學生了解工業文明，並特別注重地方工業情況之認識；惟吾人以爲工藝敎學，應以工場實習爲主，課堂講授爲輔，但工藝範圍廣泛，僅賴工場實習，亦不足以達成目標，故除實習外，應延聘工藝專家及有經驗且學識豐富之技術人員來校講演，並應使學生有參觀工業設施之機會，如有特殊困難，學生不易實地參觀者，則可用電影或幻燈片爲之介紹，務期學生於實際經驗中體會手腦並用之精神。

女生家事科目，其敎學主旨，在培養學生適應家庭生活之基本知識與技能，並進而了解個人行爲與建設幸福家庭及良好社會之關係。惟吾人以爲家事一科之敎學內容，不僅限於家庭膳食、修飾及服裝，以及家庭住宅等日常事務之處理，務必使未來家庭主婦，甚至家庭中之一切組成分子，對於家庭經濟、家庭倫理、家庭人羣關係、家庭敎育，以及家庭建設等各方面，均須有基本之認識與適應之能力，庶幾因家庭之進步，而促進社會之繁榮與國家之富强。

至於職業簡介，其目的雖使學生認識農、工、商各業的發展現況和趨勢，及各業對於個人社會國家的關連性，惟內容駁雜，不切實際。任此課程之敎師，固難對敎材大綱獲致明確之了解，且編撰課本之人員，亦不易覓求精通各行業之專家。其他有關農、工、商及家事之職業陶冶科目，應因地制宜，且依各校實況相機設置之，切未可作劃一之規定，庶免窒礙難行。

其他選修科目，一律設置於第三學年，其科目為自然科學、英語、音樂及美術；窺其旨趣，或在使升學之學生，增加其升學之機會；具有藝術才能之學生，得有充實藝能之時間；惟每週授課二小時，究有何許效益，值得檢討。

童子軍訓練，旨在發揚民族傳統道德，根據童子軍誓詞及諾言之精神，以培養學生優良品性與德行；並利用各種活動機會，從事手腦並用，文武合一之訓練，以發展學生作事才能；提倡日行一善，以養成其服務助人之習慣。惟此一科目之重要性，素未為世人所認識，甚至若干中學首長，每以副科視之。吾人以為國中童子軍訓練，必須由師資、課程、內容，及教學方法等各方面，詳加檢討，而謀澈底之改善。

指導活動為國民中學課程之一顯著特色，由於歷史過短，一般人士，對之毫無認識，非但人員編制未趨制度化，且充任斯科之教員，亦多非專才。如欲發揮此一科目應有之效能，必須慎選師資，寬籌經濟，確立人事編制及加强與其他各科教師或各行政部門之聯繫。

綜觀上述諸端，足證國民中學課程標準，得失互見。惟據部頒「國民中學暫行課程標準」所載，此項課程標準，具備下列之特點：

(一) 為加强生活教育，國民中學特設「公民與道德」一科，其教材內容不僅確立行為規範，而尤重道德行為之實踐。日本中學校課程新增道德一科，其內容完全採取我國孔孟思想。在歐美國家有宗教信仰，賴以維持社會精神生活，在亞洲祇有我中華文化為立國之本，其影響之深遠，無法估計，尤其對匪作戰，為最有效之精神武器。

(二) 國語文一科，在故總統　蔣公指示「國文第一」原則下，以培養學生語文發表及欣賞應用能力為主，對文言文與語體文定有比例；

在初三加授論語淺近部分，俾可奠定學生倫理教育之基礎，以配合文化復興運動。

（三）外國語（英語）之教學時間與教材分量酌予減少；但以精簡實用爲主，在國民中學三年級加列選修時間，以配合學生個別之需要。

（四）數學及自然科學，在培養學生思考推理能力與日常生活必備之智識，此次修訂完全採九年一貫編排，刪除重複部分，並參考英美各國新教材之精神，特別重視科學精神與科學方法之培養。

（五）社會學科包括歷史及地理，以精簡爲原則，因我國有數千年之悠久歷史，如教材過多，學生不易領會，對上古史及中古史取材以增進民族自尊心、愛國心爲重點。

（六）在技能學科中，如音樂、美術、體育等科，特別重視發揚中國固有文化之教材，以收潛移默化的功效。

（七）在國民中學中，此次修訂課程特別注重職業科目，除工藝、家事列爲必修加强實施外，另行設置職業簡介及農、工、商、家事職業科目多種，由學生選習；一方面可以矯正以往學而優則仕之觀念，一面復可根據學生個別差異，予以就業之準備。

（八）此次修訂之最大特色，爲設置健康教育，及指導活動二科，前者重視健康生活與習慣之培養，以奠定國民身心健康之基礎。後者則輔導學生了解自己能力、性向、興趣與專長，作適當之選擇，使潛能作最大之發展。

（九）至於教學時數，在國民小學已酌予減少，星期六下午學生無課，在國民中學則具有彈性，以適應各地學校及學生之不同需要。

第二節　國民中小學課程改革的原則

學校課程之涵義，非僅指各種教學科目，而應包括整個教育活動，始能達成預期之教育目標。國民中小學各科教學之重點，應以發揮「倫理」、「民主」、「科學」之精神爲依歸，故國民中小學課程，亟須加强民族精神教育、生活教育及團體活動或職業指導。就國民中學言，其主要職能在於陶融民族文化，試探學生才能，指導學生就業或升學；故在課程方面，除注重一般文化陶冶外，應加强職業陶冶及指導工作，以鑑別學生個性，發現學生才能，試探職業興趣。其中若干科目之教材內容，並宜富有彈性，以適應學生之需要；至於各科教材，尤當採用單元組織爲原則，每一單元有一中心問題，俾學生獲得完整經驗；力求避免百科全書式之組織，以免學生記誦零碎之片斷知識。各科教材如有不可避免的重複時，應由校長及教務主任邀同擔任各該科之教師共同商討，分別主副，妥籌分工合作之教學方法。

民國五十年上半年聯合國教科文組織駐華課程顧問史莊乃（Martin Stromnes），爲協助我國教育當局修訂中小學課程標準，曾以半年時間作實地研究，先後提出六項報告，其中若干部分，值得吾人參考。（詳見史氏第一至第六次報告中譯本）

第一、氏謂：「有關青少年個人方面與社會方面生長的問題，甚少有較職業了解與職業選擇更爲重要者。此種職業了解與職業選擇，乃人生在初中階段之一重要歷程，而在日漸都市化與工業化之社會中更須有最好的照顧與指導，……此種措施之目的，並非欲訓練從事某種職業之工作人員，而是欲刺激及指導學生在職業方面之生長，使到達足以自行對各種職業作明智抉擇的階段。」足證在課程結構中，科目與教材之分化，須依兒童及青少年身心發展之需要。準此原則，則國民中學階段亟應加强職業介紹、職業指導及職業試探。（見第一次報告第十二頁）

第二、氏謂各科目及教材須應用各種方法力求統整，渠以爲統整課程之方法有下列六種:（1）自然統整法，此在若干小學低年級常見之。如小學生研究家庭、學校、大自然，或參觀工廠，或旅行，其所涉及之敎材自然與多種學科有關。(2）聯絡統整法，即以某一科目為中心，而使其他科目與之配合，或稱為核心課程。(3）工具學科統整法，指以工具學科所敎之敎材廣泛應用於其他學科，如在國語文科目中所獲之讀書方法廣泛應用於其他學科之學習。(4）關係統整法，指在某種特殊情形下將不同科目或同一學科間具有各種關係，如因果關係、時空關係等之敎材聯絡敎學。(5）遷移統整法，即利用各科敎材間可以相互遷移之學習，以謀學科之統整。如理化學科中之原則可應用於家事科，亦即利用學習遷移以便利及加強各科之學習。(6）單元統整法，即破除科目界限，實施單元敎學。此乃最佳之統整法。惟統整與分化在整個學習過程中則須互為起訖，即統整與分化應為一循環過程，統整以後須分化，分化以後宜統整，而分化常發生於統整之前，此二者宜有適當之平衡。(同上第二至第四頁)

第三、敎材之年級地位，乃一不易確實判定之問題。氏謂美國敎育家曾試擬找出最適於學習某一困難敎材之時期，但並未十分成功。蓋因有甚多因素，足以影響學習的難度。可是渠等亦曾指出某些觀念在初次介紹給學生時，應不超出一定的年齡範圍。(見第三次報告第十一頁)

第四、課程分為四大領域，貴能獲得均衡發展，並須有聯貫組織。氏謂:「人類敎育之風景線，包括文化、社會、個人三領域。文化領域，指人類累積而來之知識、觀念及各項心靈上的創造。社會領域，指不斷擴展的團體或社區。個人領域，指個體受社會文化以及種細胞遺傳等影響之生長歷程，而敎育風景線之背景即大自然本身，此乃課程上第四種主要領域。此四方面之敎學時間，須能獲得平衡的分配，其彼此間之組織須能獲得聯貫。屬於文化領域者有國文、英文、數學、音樂、美術等科。屬於社會領域者，有公民、社會、歷史、地理、工藝、家事、童子軍訓練等科。屬於個人領域者，有生理及衛生、體育等科。屬於自然領域者，有自然、博物、生物、化學、物理等科。各領域之教材須詳加分析，始能明瞭其是否均衡與聯貫。（第四次報告第二至第三頁）

第五、課程須與變動中之社會密切配合。氏曾調查臺省近年人口、物資、中小學生數增加之情況，各項職業人口之分配，以及各種社會組織增加之情況，以說明社會之急遽變化。氏以為中小學應將此等變化及各種社會構想充作教材用以教學。並建議教育部訂定課程標準時，須注意本省農業發展狀況，蓋臺灣今日之經濟仍基於農業。因此主張中小學教育工作者，應與農復會、美援會等機構共同組織一委員會，以編製現時社會經濟發展教材，而公民科尤應首先負較多責任。（見第五次報告）

第六、課程組織與課程內容密切相關，而課程發展乃既要仔細又耗時間之工作。氏謂：「此等工作需要高度之專業性的細心及責任心，同時尚須一段充足的時間以完成之。」（見第六次報告第三頁）繼謂：「從事此項工作不應性急，因為各項細節若不策劃周到，將對於數千學校及數百萬學生嚴重影響。」（見第六次報告第七頁）

第七、教材過於重複，亟須改善。史氏於其報告中指出，我國中小學之間、中小學各科間，乃至同一年級間教材頗多重複。換言之中小學各科教材在縱橫兩方面均有重複之處。其中若干部分之重複或難於避免，但須採用不同組織，藉以提高興趣；於是史氏乃建議，中小學各年級教師，應訂定分週分月計畫，進而共同制定全學期或全學年教學計畫，上述教材重複之缺陷，或可避免。（見第二次報告第三十三頁）

此外，史氏更主張：(1) 小學中部分教材，應移至國民中學階段教學，以適應學生之智力發展。(2) 小學團體活動，因與其他各科關係密切，故應構成小學全部課程之一部分。(3) 讀書方法，宜自小學三年級起開始教學，直至高中階段爲止。(4) 有關機構須制定「分組教學」手册，分送中小學教師參考。(5) 初中地理須以「區域」和「相互關係」二觀念視作組織教材之中心，藉以增進學生對世界整體性的認識。

綜上以觀，足證我國中小學課程，亟待改進；其改革原則，愚見約如下述：

(一) 中小學課程標準，並非課程，大抵一般課程之編制，須以國家政策、社會需要、世界潮流，及專家意見爲依據；課程標準之不斷修訂，固可補救課程原有之缺失，惟各校校長及教師，如何克盡職守，竭盡心智，使課程日求更新，尤居要津。

(二) 一般教育設施，貴能富有彈性，因人因時因地制宜之原則，尤當堅守。我國中小學課程大都過於劃一呆板，難於適應地方需要。故各校教師，雖覺課程不切實際，亦因格於規定，祇得奉令行事，是課程標準之編定，祇當確定原則或綱要，其教材內容須留待教師自行選擇。惟各校教師必須接受教育專業訓練，始克承擔自選教材之重任。故目前推行之短期性的職前訓練，形同敷衍，實難奏效。

(三) 國民中學課程，强調職業陶冶，其對職業訓練之重視，固堪稱道，惟所謂「陶冶」二字，觀念模糊，令人費解；且課程標準中所列職業選修科目，過於概括，不切實用，故宜採因地因校制宜之原則，由各校參酌地方需要，開設實用技藝科目，令學生選讀，務期學足以致用。

(四) 國民小學課程標準中之團體活動，構成一獨立性科目，表面雖受重視，實則視同原有之課外活動，馬虎將事，毫少效果；如能與其他各科構成連鎖關係，則其在各科目中之地位，必將有實質上之提高。國民中學指導活動一科，亦應成爲其他各科之學業指導及生活指導之依據，使各科教師均能根據指導原則，切實改進學生之學習及行為。

（五）國民小學課程標準中之「生活與倫理」，國中課程標準中之「公民與道德」，徒重書本知識之講授，難收切實之效果；必須變成實際行動綱領，而與社會實際情況配合，始能獲得具體效益。

（六）為避免教材重複，切合社區需要，國小及國中部分科目，或刪除或減少教材分量，似有必要。國小之珠算設於三、四年級，殊欠合理，蓋兒童年齡尚小，對於珠算之技能，不易了悟純熟，且學習時間短暫，如不能加以應用，久之必將遺忘殆盡。始能改設五、六年級，且增加教學時間，或較切合實際。目前已有改進，殊堪稱道。

（七）課程標準之修訂，固須集思廣益，徵求各方意見，尤宜遵重專家意見，於進行切實之調查研究後，舉辦長期試驗，如有成效，再行推廣，必待多數地區，行之有效，始能制定標準，推行全國。

（八）課程標準之良窳，固足影響教育設施之成敗，然優良教科書之編訂及使用教科書之教師的資質，尤未可忽略。故教科書之編輯者，必須具備教育專業學識，始能依據教育原理，選擇教材，切合實用。教師之使用教科書，尤須了悟各科各類之教學方法，期能活用教科書，庶免視教本為唯一之知識。

第三節 國民中小學課程改進的方法

關於中小學課程改進的方法，一般課程專家，頗多見仁見智的看法。愚意以為下列各種方法，較為合用。茲分述如次：

一、系統法 (Systematic Approach)

所謂系統法，乃是指課程工作者，對社會現況作系統的調查，繼而應用科學原理，控制影響課程的因素，並特重新勢力之建立，藉以支持新課程。

系統法的基本理論有二：其一，課程改革，即社會改革。任何社會改革，其初期必遭遇若干阻礙，課程改革亦然。故在推行課程改革以前，首須從事「人」的改革及機關「組織」的改革。前者如校長、教師、家長、學生、教育行政人員及一般社會人士，在觀念上的改變；後者如行政單位及其職權之改變。其二，課程改革即社會均勢（Social equilibrium）之改變。社會在均勢狀態，乃是靜止的，人類一切活動，均依既有原則，如欲突破此種均衡狀態，勢必引起風波，故事前對於足以引起風波的各種勢力或因素，須加控制。課程改革亦復如是。故推行課程改革運動者，必先控制一般直接或間接影響課程的因素，並進而予以適當的指導；務期因課程改革而引起的波動，逐漸趨於平衡靜止。

至於實施系統法的步驟，約有四端：第一，調查及診斷。課程改革者，對校內外一切勢力作一診斷性調查（Diagnostic Study），藉以了解何種勢力或人物，在支持舊課程。第二，著手改革。貴能逐步進行，避免引起激烈反對。一面溝通觀念，一面建立關係，而儘量減少障礙。第三，控制影響力量。對於足以影響課程改革的直接或間接因素，予以適當指導，使各種反對勢力，趨於平靜，進而化阻力爲助力。第四、建立新勢力。積極籌劃聯絡，擴大支持力量，進而樹立支持新課程的力量。

二、行動研究法 (Action Research)

此種方法，乃爲實際從事課程改革工作，所做之研究，其研究結果，由自身加以應用。與將研究結果，供他人應用者，在目的上，迥然不同。

此項方法之實施步驟有四：第一、調查整個情況，選擇工作地點。

就亟須改革之點，作爲研究重心。第二、分析困難。與有關人員，共同分析與所擬改革之處具有密切關係的各項因素，以發現困難之所在，並試擬解決困難的方法。第三、擬訂計畫。依據實況，訂定可行之計畫，並隨時檢討計畫，遇有缺陷，卽予糾正。第四、實施中相機檢討。如遇困難，立謀補救。

三、社會機能法(Social Functions Procedure)

此種方法，對於消除成人中心與兒童中心之衝突，頗有助益。其課程範圍，以成人生活中的問題爲主，其課程順序，乃以學生的興趣、能力及需要爲依歸。故採用此法以改進課程，其課程可兼顧學生現在及未來的生活。

採用社會機能法以改革課程，必須遵循下列之步驟：(1) 樹立一種教育目的或教育哲學；(2) 決定生活之主要領域；(3) 依據每一重要生活領域，以發現社會中之主要問題、力量及需要；(4) 研究青少年每一年齡階段之特質；(5) 根據教育目的、人類活動領域及各階段青少年之特質，以決定各年齡各年級兒童及青少年之興趣中心；(6) 決定課程組織的類型；(7) 參酌興趣中心及各年級學生之興趣、能力及需要，以計劃各工作單元。(8) 訂定考核教育結果之計畫。

四、青少年問題法(Adolescent Problems Procedure)

此種方法，以美國教育家杜威 (John Dewey) 及克伯屈 (William H. Kilpatrick) 等所領導之實驗主義哲學爲課程改革之依據，亦卽以兒童及青少年爲中心。對於成人中心的課程，極力反對。

至於實施此一方法所用之步驟如下：(1) 確立教育目的或教育哲學。(2) 決定學生之共同需要或問題。(3) 將學生之需要或問題，組成爲各個問題領域。(4) 依據問題領域訂定一種或數種教學參考單元，以便師生共同訂定學習單元。(5) 根據問題領域及教學參考單元，由師生在教室內共同計劃學習單元。

總之，社會機能法及青少年問題法，奠定現代課程的骨架及內容；系統法及行動研究法，則鼓勵實際從事教育及教學工作者，應用有系統的或科學的方法，逐步改革課程。

第四章　國民中小學師資的培育

第一節　國民中小學師資的重要性

我政府遵照故總統　蔣公指示，於民國五十七學年度第一學期開始實施九年國民敎育。從而我國國民敎育乃正式由六年延長爲九年，在我國敎育史上，增添嶄新的一頁。原有國民學校改稱國民小學，舊制初中則一律易名國民中學。此一新興學制之推行，固有賴全國朝野之同心協力，切實履行，而直接肩負執行責任之敎師，尤具擧足輕重的地位。

國民中小學的敎育目標，厥爲培養健全之國民。倘使全國國民均已接受完善之基本敎育，而成爲堂堂正正之優良國民，然後以之建國，必能克盡職守，完成建國大業；以之衞國，必能勇於赴難，成爲國家干城。故總統　蔣公於「國民中學開學典禮訓詞」內曾剴切指示：「實施九年國民敎育，乃爲培植現代國民，提高其精神與體力、品德與智能，增進其明禮尙義，崇法務實與互助合作，愛國保種的基礎。這不只爲建立三民主義模範省的基本要求，且爲建設三民主義新中國的根本大計。」國民中小學的敎師，既爲國家敎育政策的執行者，則如何使國民中小學，成爲培養健全國民的場所，以達成建設三民主義新中國的理想，此一艱鉅責任，實應由國民中小學敎師肩負之。

其次，國民中小學乃是地方文化活動的中心，其間尤以設在鄉村之學校爲然。擧凡社會風氣之轉移、社會習俗之改良、社會建設之推動，與夫文敎活動之倡導、社會福利之策劃，均須由國民中小學敎師鼓吹及領導。因此，國民中小學教師不應拘限校內學生之教導，尤須以社會大衆爲對象，負起全民教育的責任。唯有社會人士與學校教師攜手合作，學校教育的功效，始能充分發揮。

第三，國民中小學教師，不僅是學生的導師，且爲學校各項活動的中堅人物。有人視學校校長爲校內領袖，實則學校教育的成敗，其關鍵端在教師之是否優異負責；倘若教師學識淵博，幹練有爲，且勇於負責，各人堅守崗位，致力教學工作，無論學生成績或讀書風氣，必日趨良善。

再次，國民中小學的學生，因係免試升學，故學生資質與程度，每多參差不齊；爲教師者，如能運用各種測驗，鑑別學生能力與興趣，分別施教，必能收事半功倍之效。關於教材教法，固須詳加研究，學生個別差異，尤當多方觀察，務使學校教育，切合實際需要；對於升學者，如何滿足其升學之願望，就業者如何獲致謀生之技能，必須兼籌並顧，妥爲策劃。

是以國民中小學教師，對於國家，負有執行國家教育政策及培育健全國民之責任；對於社會，承擔復興中華文化及改進民衆生活之任務；對於學校，負有建立優良學風之職守；對於學生，負有教導學生使其謀求正當發展之重任。國民中小學教師之職責固極重大，其社會地位之崇高，自不言而喻。

第二節　國民中小學師資養成制度現況

一、國民小學師資部分

我國國民小學師資養成機關，原稱師範學校，招收初中畢業生，修業三年，期滿成績及格，即爲合格之小學教師。自五十年八月起，臺灣省各師範學校相繼延長修業年限，改爲師範專科學校。目前臺灣省及臺北市各國民小學師資養成機關，一律稱師範專科學校。惟其法令依據，仍係原有之師範學校法及修正師範學校規程。玆將其實施要點，略述如次：

（一）宗旨：養成國民小學之健全師資。

（二）科別：臺灣地區各師範專科學校，除設置五年制國校師資科外，並設有夜間部（採學分制）二年制國校師資科，及暑期部二年制國校師資科。尚有部分師範專科學校，設有美術、音樂、體育及幼稚師範等科。

（三）修業年限：所設各科，均招收初中畢業生，肄業五年；其他各養成單位，修業年限不一。

（四）待遇及服務：在校肄業期間，享受公費待遇；卒業後須服務五年。

（五）課程：分爲必修科目及分組選修科目兩種。目前，爲提高小學教師之升晉機會，規定凡繼續服務滿七年者，得參與國中教師之甄選。

二、國民中學師資部分

我國原有初高級中學之師資，均由師範學院及師範大學培養。自初中改制爲國民中學後，其師資之養成，仍由師院及師大負責。玆略述其實施要點如次：

（一）宗旨：以養成中等學校健全師資爲目的。

（二）院系別：國立臺灣師範大學，設置教育、文、理等三學院。臺灣省立高雄師範學院，設有國文、英語、數學、工業教育、教育、化學、物理等學系，尚計劃增設生物學系。

（三）修業年限：在校肄業五年，其中學科四年，實習一年。

（四）待遇及服務：修業期內，一律公費待遇；卒業後服務五年。

（五）課程：分基本科目、專門科目，及教育科目等三類。

第三節　國民中小學師資養成制度的改進

一、國民小學師資養成制度部分

（一）科別：師範專科學校，固以養成小學師資爲目的，但國民小學兼辦社會教育工作，已爲國家既定之政策；經費短缺，場所不敷，雖爲構成學校兼辦社教工作不力的原因，但人才缺乏，殆爲主因。如能在師範專科學校，增設社會教育科，培植社教專才，非但主持學校辦理社會教育工作之人員不虞匱乏，且各地方政府設置之社教機關及地方文化中心，亦有可用之才。

復依「國民學校法」第二條規定，已逾學齡未受基本教育之失學民衆應受之補習教育，亦爲國民小學應辦事項之一，而國民小學成人班及婦女班之師資，却無專設之訓練機關，殊覺未當。故一般師專之增設社會教育科，實不可稍緩。

（二）修業年限：目前初中畢業生之投考師專者，多係經濟貧困，無力升學之青年，其間不乏胸懷大志或學藝出衆之學生；如依現制，在校修業五年，出而終身從事小學教育工作，却非一般青年所樂爲。故愚意以爲可循下列二途，以謀師專畢業生之升進：

第一、根本的辦法，廢止師專，而改稱國民師範學院或國民教育學院，招收高中畢業生，修業四年，期滿授予教育學士學位。此等獲有學位之畢業生，得依其志願分發國民小學或國民中學任教，其所得待遇不因校別而有區分。換言之，即實行所謂「單一薪俸制」，如此，不但小學師資之素質得以提高，國民中學學生之程度亦不致因師資欠佳，而普遍降低。

第二、如維持現制之師專，則可將服務期滿之青年，擇優保送師大及師院教育系，而於教育學系內另立國民教育組，施以二年之專業訓練，授予教育學士學位，出而充任國民中小學教師，並提高其待遇，如一般中學教員相若。如此，既可鼓勵師專肄業之青年，且能培植富有濃厚教育專業精神之教師。較之目前國中教師職前訓練班結業者，無論學識、品德，及專業修養，均有過之而無不及。

目前實施之小學服務期滿，准予參加國民中學教師甄試的辦法，殊欠妥善。蓋師專以養成健全小學師資為目的，其優良者既已改充國中教師，則國民小學之師資素質，勢必每下愈況，不堪設想。又師專所授課程，在性質上與養成中學師資之師大或師院，根本不同；此等經甄試合格之師專卒業生，又何能勝任國中之教學工作。如此，國中學生程度，亦必隨之低落。故此項措施，應即從速廢止。

二、國民中學師資養成制度部分

(一) 師範大學（師範學院）的性質

師範大學（師範學院）有別於普通大學，其著者約有下列數端：

1. 普通大學祇代表教育的等級，如臺灣大學，等於臺灣加大學；臺灣二字，表明地區，大學二字，代表教育等級。而師範大學既表明教育等級，又含有教育性質。因「師範」屬專業性質，「大學」屬高等教育機關，合稱師範大學。如四字分開，則意義全非。

2. 普通大學重在研究，以高深是尚。師範大學重在培養與國良師，當以切合中學之需要爲主。故大學之優良學生，在程度高深；師範大學之優良學生，在教法精良。

3. 普通大學偏重專門學術，師範大學則實施精神國防教育；故普通大學畢業生，各依志趣，自謀前程；師範大學畢業生，則依法服教育役。

4. 普通大學公私並存，師範大學全係公立。普通大學之發展，依循學術方向；師範大學之發展，悉遵國家政策。

爲發揮師範教育之功能，自宜制訂「師範教育法」，並應於教育部內成立專司，以專責成。

（二）師範大學（師範學院）發展的方向

爲配合我國當前教育政策，師範大學（師範學院）應循下列途徑發展：

1. 學術與行政並重　爲發展學術研究，應充實各研究所，以培養高級中等以上學校師資；爲養成各級教育行政人材，各所系教學須注重行政實務。故師範大學課程結構，除重視教材教法、教學及行政實習外，允宜理論與實際兼顧。尤當籌設教育研究中心，爲全校性之統整規劃。

2. 職前與在職並重　提高師範生待遇，並保障教師職位，以吸引優良中學卒業生，投考師範院校；改進師資素質，加强在職進修，應從速建立教師進修制度。故師範大學（師範學院）設置第二部，以爲教師進修之所，確有事實需要。當今列國，尤不乏先例。

3. 普通與職業並重　普通中學師資之培育，固爲師範大學之職責，職業學校師資之養成，亦應視爲師範大學今後發展之重心。爲配合國家調整中學與職業學校比率之需要，師範大學亟須增設職業教育院系。就國立台灣師範大學言，如能以工業教育、家政教育及衞生教育等學系爲基礎，擴充爲職業教育學院則尤佳。

4. 社會與學校並重　故總統　蔣公昭示：「師資第一，師範爲先。」蔣院長經國亦謂：「師範教育爲精神國防教育」。足證教師之良窳，攸關國家之興衰。爲此，國立台灣師範大學社會教育學系，應充分發揮其「社會建設」及「心理建設」之功能，其現制組別與課程，亟宜依我國社會實際需要，詳爲規劃，以端旨趣。

（三）師範大學（師範學院）體制的改革

我國中等學校師資之養成，可於現制師範大學及師範學院分設甲乙兩類辦理之。

1. 甲類：以養成國民中學健全師資爲宗旨。招收高級中學畢業生，修業四年（包括實習），期滿授予教育學士學位；持有上項學位者，即可充任國民中學教師。

2. 乙類：以養成高級中學健全師資爲宗旨。招收大學畢業生，修業二年（包括實習），期滿授予教育碩士學位；持有上項學位者，即可充任高級中學教師。

甲乙兩類師範生，肄業期間，一律享受公費待遇，其公費支給標準，應比照一般軍事學校公費標準支給之。畢業後由政府統一分發各級中等學校服務，惟須受規定服務年限之限制。

第五章　國民中小學教學方法的革新

第一節　國民中小學教學方法革新的必要

國民中小學的教育目標，在「國民小學暫行課程標準」及「國民中學暫行課程標準」中，已有明確說明，勿庸贅述。

故總統　蔣公在國民中學開學典禮所頒的訓詞中，對於國民教育目標亦有明晰之指示：「實施九年國民教育，乃爲培植現代國民，提高其精神與體力、品德與智能，增進其明禮尙義、崇法務實，與互助合作、愛國保種的基礎。這不只爲建設三民主義模範省的基本要求，且爲建設三民主義新中國的根本大計。」「所以國民教育，旣要導之以明禮義，敎之以知廉恥，又要使之具備羣體生活（公德、合作）的習性，與現代科學的精神，了解現代國民對國家社會應盡的義務和責任。務使德、智、體、羣，均衡發展，身、心、手、腦，皆臻健全，陶冶成爲活活潑潑的好學生，堂堂正正的好國民。」

由此可知，國民中小學的教育目標，在於培養德、智、體、羣均衡發展的健全國民，以肩負建設新中國的責任。如擬達成此一目標，除課程教材須有適當安排外，教學方法，尤應善加研討。

目前，一般小學教師，多因曾受教育專業訓練，對於教學方法較爲重視。惟若干小學師資養成機關，對於新興教學方法，未注意研究，以致一般師範生出而任教小學，大都墨守成規，不合時代要求。例如小學國語文的教學，仍教學生熟讀範文，而不指導學生表達思想的方法；小學數學的教學，依舊要學生記公式，演習題，而不指導學生應用數學知識，解決日常生活中的數量問題。

至於一般國民中學教員，向不重視教學方法。且因多數教師，類皆出身於普通大學及專科學校，對於教學方法爲何物，根本不知。故其教學方法，錯誤百出，最常見者，約有下列數端：

1. 教學的眞正目的何在？爲教師者一無所知，而以傳授知識爲唯一任務；關於如何指導學生成爲健全國民一事，絲毫未予理會。

2. 講演法爲唯一教學方法，不論科目性質及單元類別，一味口述手抄，學生衹有被動的記誦，毫無自動的研究。

3. 如何啓發學生思想，如何訓練學生推理力，又如何培養學生解決問題的能力，爲教師者，從未注意。

4. 從不指導學生採用共同研究，或共同討論的方法，以致學生衹知獨自背誦或抄錄。

5. 整個教室的教學活動，以教師爲主體，根本忽視學生的自動精神。

6. 以教科書爲知識之唯一來源，對於視聽教具及社會資源，不知如何利用。

綜上以觀，可知現今國民中小學教師所用的教學方法，缺點甚多，故教學方法之改進，不容稍緩。

第二節 國民中小學教學方法革新的原則

一、啓發原則

教學活動以學生的經驗爲基礎，由教師提供問題，令學生運用思考，予以分析、批評、推論、判斷、綜合、解答，故可使學生之思想靈活，經驗豐富。

啓發原則中常用的教學方式，有師生問答及研究討論兩種。問答法是一種刺激學生學習的良好方法，發問卽指教師所給予學生的刺激，回答乃是學生所發生的反應。教師若善於發問，卽可引發學生的思考，使其將注意力集中於某些重要問題。

至於研究討論，卽由教師將教材編成有意義的問題，或從社會生活和自然現象中提出實際問題，然後指導學生研究，研究後再作團體討論，繼之以文字報告。

二、誘導原則

教師在教學之前，應設法引起學生强烈的學習興趣，激發學生的學習動機，然後進行教學，始可收事半功倍之效。

教師如擬引發學生的學習興趣，必須循循善誘，以啓發學生的好奇心與求知慾。教師如能使學生自覺某種功課有價值，而產生一種熱烈的學習願望，此種感情，卽是興趣。由興趣而努力，因努力而成功，因成功而滿意，爲保持滿意的結果，必定繼續不斷的努力，如此，學習的效果，不但可以加强，學習的成就，亦與日俱進。

三、自動原則

就心理學立場言，一切學習活動，並非一種被動的接受過程，必須學生自動探求，然後始能學習成功。例如教英語，祇由教師講解說明，而不使學生練習會話及習作，學生卽難眞正學會英語。

爲養成學生自動學習的精神和自學的能力，教師宜多用自學輔導法、觀察法、實驗法、討論法、參觀法、表演法，以及設計教學法和練習教學法等，使學生手腦並用，而獲致實際的學習經驗。

四、經驗原則

以往教師教學，類多將語言文字視爲傳授知識的唯一工具，而忽視實際經驗，以致學生祇能記誦若干抽象的符號，而不明瞭眞正的意義。現今，爲教師者，爲促使學生獲得正確的知識，及具體的印象，乃注意指導學生觀察實際事物，或指導學生實驗製作。因此，今日一般先進國家的中小學教師，莫不充分利用圖畫、實物、標本、模型、幻燈片、電影片、絨布板、揭示板、儀器、地圖及表解等視聽教具，以提高學習興趣，增進教學效果；並採用展覽、表演、製造、實驗、觀察、訪問、調查，及討論等方法，以增加學生的實際經驗。

至於所謂利用社會資源，就教學範圍言，係指（1）利用大自然作爲教學場所；（2）利用本地各種公共場所以施教或實習；（3）利用本地自然資源作爲教材教具；（4）利用本地各種設備充作教材教具；（5）利用本地實際生活問題作爲教材；（6）商請本地技術人員協助教學。總之，教師於教學時如能充分利用社會資源，可使教育內容與實際生活打成一片，因而可使學生獲得實際的生活經驗。

五、身教原則

以往若干教師教學，祇偏重知識的灌注，而忽略品德的培養，以致知行不能合一。部頒「訓育綱要」，對於此項缺點，曾詳爲指出：「過去各級學生意志之激勉，知識之傳授，情感之陶冶，未能遂其平均之發展；是故道德式微，精神衰頹，青年心理，不流於浮誇，即趨於消沉，致此之咎，責在訓育。考其原因，實由於教師之忽於德育指導。蓋教育之主要目的，在於養成完全之人格，否則縱有精深之知識，强健之體格，而無高尚之道德以正其用，於個人則爲自私自利，以趨於自殘，於國家則未獲其益，而適承其病。」是故今後各科敎師敎學，當以學生之品德爲重，而不以傳授知識爲已足。

一位優良的敎師，不單須以身作則，處處爲學生之楷模，尤當具備仁愛忠恕的美德、誨人不倦的熱忱、公平正直的態度、達觀進取的精神，而後始能爲學生所敬仰。敎師學識淵博，固可指點學生迷津，品德高尙，尤能作爲學生生活之楷模。我國古云：「經師易得，人師難求。」意即爲敎師者，當以身敎爲重。

六、個性原則

新式的敎學方法，須注意學生的個別差異，關於敎材之難易，敎學進度之快慢，以及指導學習方法等，應隨處顧及學生之興趣、能力和需要。

目前，在班級制度下，最易忽視學生個別志趣，以致學生深覺敎材枯燥，興趣索然，因而程度日趨低落。其補救之道，須循下列途徑，以彌補班級敎學之缺失。

1. 敎師須明瞭本級多數學生之學力及身心成熟程度；
2. 敎學時須以各個學生爲施敎對象；
3. 敎師須調查學生個性，以便因材施敎；
4. 敎材分量及敎學進度，須顧及學生能力上之差異；
5. 對於成績較差之學生，課後予以指導；
6. 對於技藝學科具有特殊才能的學生，應予重視；
7. 學生學業成績的進退，須以學生自身之成績，作先後之比較；
8. 對於性格異常的學生，須予以特殊適應。

總之，爲貫徹國民敎育的使命，國民中小學敎學方法必須徹底革新。其革新的方針，誠如故總統　蔣公在國民中學開學典禮訓詞中所言：「在教育方法上，應注重性能的培養，以啓發代替注入，以誘導代替强制，以偉大的愛心與耐力，來開啓學生的思考力、判斷力，與創造力，從而激發學生的愛國心、公德心，與對國家和社會的責任心；特別希望教育界同仁，懍於從事國民中學之教學，實負有改革教育，復興文化的神聖任務，敦品勵行，光明正大，注意生活的薰陶，强調人格的感化，使身教與言教合而爲一，教師的言行與操守，成爲學生的楷模，並能爲社會所效法取則。」

第三節　國民中小學教學方法革新的方向

革新國民中小學教學方法，須循下列之途徑：

一、教育行政方面

1. 加强教育視導工作，實施分科視導，督導中小學教師著手改進教學方法。

2. 嚴格考核各校教學研究討論會及教學觀摩會之成效。

3. 獎勵教師參加暑期學校，並補助其學費。

4. 設置教材教法研究獎金，視各教師研究成績，酌予獎勵。

二、師資養成機關方面

1. 舉辦暑期學校或夜間部，給予教師進修機會。

2. 設置函授部或空中教學部，運用函授方式及空中教學方式，講授教育科目，以增進教師教育知識，並協助其解決教學上之實際困難問題。

3. 印發教師進修刊物，介紹教育新知，解答教師遭遇之一切難題。

4. 加强輔導區內教學輔導工作，並與各校教學研討會及教學觀摩會配合，以提高教師研究教材教法之興趣。

三、學校方面

1. 加强各科教學研究會的活動，定期開會，並指定教師作專題報告。

2. 舉辦校內及校際觀摩教學，以增加互相觀摩之機會。

3. 購置各科教材教法及一般教育專業書籍，供教師參考，以提高其研究興趣。

四、教師方面

1. 自求進步，不以現有知識爲滿足。

2. 重視教學專業，不以教師職位爲棲身餬口之職務。

3. 隨時反省，注意學生反應，以求教學方法之改進。

4. 對於所任學科之新教材教法，應勤於研究，期能與時俱進，以免過於落伍。

5. 對於教育專家之講演，固須前往聽講；關於新近出版之教育理論與實際的書籍，應廣爲涉獵，以求取新知識，增進新技能。

6. 對於學生之各科或一般學習方法，應依據學理，詳加指導，以增進其學習效率。

第六章　國民中小學指導活動的實施

第一節　人格指導

國民教育，旣以實施全民教育爲主旨，故國民道德之培養，當列爲首要工作。國民小學的學生，年稚識淺，極易遭受外界的影響，而產生不良的行爲。是國民小學階段之指導工作，自以健全人格之培育爲重心。所謂健全人格，就小學生言，至少須具備自知、知人、認識環境及正確的生活態度等四種條件。

就自知而言，有的學生將自己估量過高，以致狂妄自大，驕傲自滿。又有的學生將自己估計太低，以致自卑自餒，退縮不前。此等學生，均須予以適切指導，使其忠實的認識自己，對於自身的長處與短處，能有明確的認識，而知有所適應。

就知人而言，有的學生祇知責備別人，從不尊重別人；有的學生又祇知求人，而不願助人，此二者均屬不當。前者以爲別人，均不及自己，以致輕視別人，自然無法認識別人；後者在有求於人之時，才想到別人，他人自然與你疏遠，自己於無形中陷於孤立。所以，實施兒童人格指導時，必須使兒童尊重別人，進而與人合作；必先幫助別人，才會獲得別人的協助。

就認識環境言，對於週遭的人、事、物應有客觀的認識。某人應與之接近，某人須與之保持適當距離，應有確切的分別。何事當爲，何事不當爲，應有適當的標準。至於對於物件的取捨，尤宜堅守本分，不貪圖不義之物。

關於正確的生活態度，愚意以爲應使每一小學生具有「不說不願說的話，不做不願做的事」的風範，不輕易批評他人，也不隨便奉承別人。所做之事，不以物質條件之高低爲衡量的尺度，而以個人的理想與志趣爲依歸。在本位上力爭上游，在工作中自加警惕。

至於人格指導的方法，則由指導人員確立計畫，分別實施個別指導及團體指導。前者由指導人員與有關教師，對於行爲異常的學生，予以個別矯治；後者由指導人員會同校長、有關教師和全體教職員，以身作則，樹立優良的校風。

第二節 職業指導

職業指導以國民中學學生爲主要對象。國民中學之三年肄業期內，第一學年以職業試探爲重點；第二學年以職業陶冶爲中心；第三學年以職業訓練爲目標。

第一學年職業指導的實施辦法如次：(1) 搜集學生個人資料，增進學生自我了解。(2) 激發學生工作興趣，溝通職業觀念，講解職業意義。(3) 使學生認識所處環境的情況。

第二學年則採用下列辦法：(1) 介紹職業知識；(2) 了解各職業機構的概況；(3) 指導學生選職方法；(4) 認識各職業選修科目的內容。

第三學年，可用下列方法：(1) 繼續介紹職業資料，提供各職業機構的情況，以繼續指導學生選職方法。(2) 指導學生選習職業科目。(3) 開始實施職業介紹與就業安置。

第三節　教育指導

國民中學之實施教育指導，其目的在於協助教師，採用有效的教學方法，以提高教育的效果。其次，則爲輔導學生，培養優良的學習習慣，及應用有效的學習方法。第三、測驗學生的智力及能力，以爲學生決定終身職業之參考。第四、運用智力和成就測驗，以協助學生選擇學科及從事升學準備。

關於教育指導的實施方法，第一學年，可從下列幾方面着手：(1) 舉行各科學業成就測驗，以了解學生的學習情況；(2) 指導學生優良學習方法，以培養良好學習習慣；(3) 使學生了解考試意義；(4) 指導學生運用圖書館；(5) 指導學生選修下學年之科目。

第二學年之指導重點如次：(1) 除繼續舉行各科學業成就測驗外，並著重學習困難之解決；(2) 繼續發展學習與趣並檢討學業成就。

第三學年除繼續實施第一、第二兩學年之指導活動外，特重升學的指導。其指導方法如次：(1) 介紹本地或本省有關學校概況；(2) 帶領學生前往各學校參觀；(3) 邀約畢業校友座談；(4) 介紹各校招生簡章，並指導報名手續及選擇適當學校；(5) 指導學生準備升學考試。

第七章　國民中小學校舍建築及設備

第一節　校舍建築

一、選擇校地的原則

1. 地點適中　學校校址，以接近住宅區為宜，一因環境安靜，二因學生往返便利，如遇特殊事故，附近居民，又便於協助。

2. 交通便利　學生每日往返學校，如交通方便，旣可節省時間，亦當較爲安全。且往返需時不多，可免學生過於疲勞。

3. 環境優美　校地所在地區，應以地勢高爽、空氣清新者爲佳。使學生置身其間，獲致身心愉快之感。

4. 擴充餘地　無論中小學，必因學生人數增加，日漸擴充；如因校地狹小，無法擴充，勢必限制學校未來之發展。故選擇校址，必須顧及未來之擴展。

二、建築教室的條件

1. 方向　教室以坐北朝南，或面向東南爲佳。

2. 形式　教室形式以長方形爲宜，其長約爲寬的一倍半。

3. 大小　教室以長四十呎，寬二十六呎，高十三呎者爲佳。

4. 光線　教室採光，應以一面採光爲主；爲求採光面積增大，故窗戶宜開在室之長邊，使光線由左邊射入爲宜。

5. 門戶 一般教室，應前後各開一門，不但學生出入方便，如遇緊急事故，便於疏散。

6. 走廊 在一字形的建築物中，走廊應在九至十一英尺之間；在H形、凹形或L形的校舍中，其走廊寬度，約在七至九英尺間。蓋教室外之設有走廊，不僅為師生和一般員工之通道，且為躲避風雨的場所，故以寬大為宜。

7. 牆壁 在通常情況下，天花板如為白色，地板為灰色，牆基為褐色或黑色，窗檻為淺灰或淺綠色，則室內牆壁應為淺綠、草綠，或淡藍色為宜。全校之室外牆壁應有一致性，米黃或銀色為佳。

8. 材料 建築使用材料，應以校舍之高矮為準。校舍建築在二層樓以上者，須使用鋼骨水泥、耐火磚瓦，及鋼架窗檻為主要材料。任何校舍建築，至少應有三十餘年以上之效用，始能確保安全。

9. 屋頂 就國民小學言，為維護學童之安全起見，屋頂仍以傾斜式為宜。即使採用平面式屋頂，亦須在四週加建安全設備，以免意外。

10. 天花板 一般教室之天花板，距地面應在十一英尺至十二英尺為宜；且因天花板有助輻射採光作用，故以白色或乳白色為佳。

三、行政單位建築的要點

1. 校長室 校長室應居所有行政單位建築物之要衝，而便於社會人士來訪，以及與學生的交談。其室內佈置，以淡雅、和諧、莊嚴，及整潔為主。

2. 秘書室與接待室 秘書室、接待室及校長室，應互相連通，以便於接談。

3. 會議室 如接待室過小，不足會議之用，以另建會議室為宜。至於會議室的大小，無論中小學，均以容納百人左右為佳。

4. 總辦公廳　以建築在所有行政單位之適中地點，便於師生接洽事務。如不設總辦公室，而行分處辦公制，則各單位間，應相互連繫，以利接洽公務。

5. 教師準備室或教師休息室　教師準備室，例皆供教師課前準備課業之用；教師休息室，則爲課後或課間休息的場所。此二室合設或分設均可，視學校經費之多寡而定。

6. 保健室　亦稱衞生室或醫務室，無論中小學，均須有一間寬大的保健室。在室內應附設候診室、治療室，及檢驗室、掛號處等，男女廁所，尤當齊備，以便患者之需。

7. 校工室　一般校工，如無固定處所休息，如有急需，卽難找到。故宜另建一室，供工人休息之用，如有呼喚，必極便利。

第二節　學校設備

一、國民小學之重要設備

1. 課桌椅　無論低、中、高各年級，以採單人桌椅爲宜，蓋桌椅如採雙人制，學生間易生無謂糾紛。至於桌椅高度，在同一教室內，至少須有三種不同高度的桌椅，以適應兒童身體高矮之需。

2. 黑板　亦稱粉筆板，黑板不宜固定，以活動式爲宜。其長度與教室之寬度有關。通例固定式的黑板，其長度約十二呎左右；活動式約在五至八呎之間。

3. 公告牌　亦稱揭示牌，其用途應屬於多方面的，如張貼成績、佈告、繪畫，及工作計畫之展示等；此種揭示牌，以與黑板相連爲宜。

4. 教師辦公桌椅　爲使教師多與兒童接觸，在教室內之適當地點，置放教師辦公用之桌椅，不必集中於總辦公廳。

5. 活動書架　此種活動書架，狀如一間小型的流動圖書館，置於適當處所，陳列圖書，供兒童自由閱覽，必可提高兒童閱讀興趣。

其他如自然科學實驗設備，及體育或遊戲活動設備，亦須視經費之多寡，相機設置。

二、國民中學之重要設備

1. 課桌椅　國中學生課桌椅，以單人式爲原則，課桌椅連用的設計，旣經濟又方便，爲一般學校所樂用。

2. 餐廳摺叠式長桌椅　餐廳內摺叠式長桌椅，可作多種用途，旣經濟耐久，又移動方便，故宜採用之。

3. 理化實驗室設備　在國中之理化實驗室內，至少須備有試驗臺、櫃櫥、展示臺，以及黑板等。

4. 家事室設備　國中之家事室，須備有現代化的厨房設備、縫級機、工作臺、展示臺，以及實習室等。

第八章　我國國民教育應有的路徑

我國教育宗旨，旣以三民主義爲依據，國民教育自當以三民主義的革命建國精神爲基礎。所以三民主義的國民教育，必須具備下列的特質：

一、民族化的國民教育：我國國民教育，應以維護中華民族的生存利益爲目標，以爭取中華民族的自由獨立爲職志。我們反對帝國主義，但不流於狹義的民族主義；我們要恢復民族的道德，發揚固有的文化，培養民族的自尊心，堅定民族的自信力，但不可故步自封，盲目復古；我們要吸取歐美先進國家的文化，但不可全盤抄襲。

二、全民化的國民教育：中國的國民教育，是屬於人民大衆的教育，是全民平等的教育；我們不但需要人民協力參與，且須人民全力支持。國民教育的一切設施，均須切合民衆的需要，而爲人民樂於接受；所以三民主義的國民教育，是爲全國人民謀求福利的教育，旣不屬於某些特權階級，更不爲任何勢力所壟斷。

三、生活化的國民教育：三民主義的國民教育，注重國民生活必需之基本知識技能的傳授，以增進國民適應生活環境的能力，而不是記誦課本文字，準備升學的教育。我們如要實施生活化的國民教育，必須增進一般國民理解運用書數和科學的基本知識，培養生產的技能。所以三民主義的國民教育，是一種注重生活的實踐教育，而不是記誦文字的升學教育。

四、勞動化的國民教育：中國的國民教育，注重「雙手萬能」，而

「以服務爲目的」。我們應由社會經濟的實際活動中，培養國民的創造力，從勞動生產的過程中，養成國民勤勞的習慣；以勞動生產，服務社會；以科學知識，征服自然；從而實踐「建國之首要在民生」的理想。

五、科學化的國民教育：我國的國民教育，應以科學精神爲教育之手段，反對盲從、迷信，和武斷；以科學精神實施有計畫的教育，反對盲目、散漫和淩亂。我們的國民教育，應以三民主義的政治自覺，展開科學教育，力求科學的大衆化、實用化，從而促進民生主義的經濟建設。

六、社會化的國民教育：國民教育與社會經濟政治是互相影響、互相聯貫的。我們要在三民主義的新社會建設歷程中，配合經濟、政治及文化各方面的改造建設，發揮偉大的力量；我們更要在經濟、政治、文化等改造建設的基礎上，努力於本身的革新發展，開拓光明的前途。

一般而論，國民教育的推行，有賴於政府的賢明領導，學術界的精密策動，幹部的積極實踐，民衆的熱烈參加，以及社會團體的協力維護。如要歸根結柢，尋求決定國民教育的基本力量，乃必須進而指出國民教育發展的主要因素。所謂主要因素，即是三民主義革命建國的全局展開和貫澈實踐。祇有革命建國的全局展開，才能激起國民教育的實際需要；祇有革命建國的貫澈實踐，才能促使國民教育的進步發展。關於影響國民教育發展的因素，不外下列數端：

第一，政治的因素：在人類社會生活中，政治乃居於統御支配的地位。教育爲政治之一環，故教育目的與政治目的是一貫的。中國所施行的政治，是三民主義的政治，所要求的是獨立自主的民主政治，民治民有民享的全民政治。在「管、教、養、衞合一」政策下，所待考慮的不是教育與政治應否合一的問題，而是如何合一的問題。同時，問題的解決，不在教育本身，而在政治方面。

換言之，必須在三民主義原則最高指導下，配合客觀環境的要求，厲行民權主義的政治建設，革新政治風氣，用政治的統御力量，排除革命建國的障礙，進行革命建國的大業，將教育作爲實現政治目標與推行羣衆運動的手段，從而喚起民衆，鼓舞民衆，普遍提高民衆的政治認識，培養民衆參與革命建國工作的熱忱；如此，政治理想的要求與人民大衆的生存利害，才能打成一片，國民教育才有生根成長的基礎，民衆也才能了解自身對於國家應盡的責任，而樂於接受國家所施與的教育，珍視自身的教育權利。同時，在優良的政治風氣嚮導之下，才能吸收誘致覺醒的青年，投身教育事業，服務社會。

第二，經濟的因素：三民主義的目的，析而言之有三：第一、摧毀帝國主義的侵略勢力，以求中華民族的獨立生存，進而謀世界各民族的一律平等；第二、破除封建集團的統治勢力，建立以民權主義爲原則的民主國家；第三、節制私人資本，發達國家資本，以求國民經濟地位平等，務期「充實人民生活，扶植社會生存，發展國民生計，延續民族生命」，而促成自由平等的大同世界。三民主義的重心在「民生」，三民主義教育的重心，也在「民生」；因此，人民大衆的國民教育，與民生所憑依的經濟，實有不可分割的關係。

國民教育的發展，不能單憑三民主義之理論的宣傳，而應注重民生主義經濟建設的引導推動；設無經濟生活的需要，憑空施行國民教育，無疑紙上談兵。國民教育的普及，必須伴隨物質生活之普遍提高；我們如能厲行民生主義的經濟建設，促進社會生產力的發展，使每一國民的物質生活提高，每一地區的公有經濟發達，如此，人民大衆才有充裕的財力，應付教育的開支；民衆才有剩餘的精力與時間，享受教育的權利；而後國民教育才有普及進步的可能。

第三、文化的因素：三民主義的革命建國大業，爲整個的、連環的，舉凡政治、經濟、文化等各方面的建設，必須相互配合，相互聯繫，才能全面展開，平衡發展。在文化落後的環境中，民智未開，能力低微，無形中變成革命建國的障礙。所以，爲促進國民教育的發展，必須與三民主義的文化建設相偕並進。在落後的環境中，配合政治經濟建設，建立文化活動中心，充實精神食糧，發展國防科學，從而啓迪民智，充實民力，提高民衆的生活水準，以全民爲對象的國民教育，始能普及繁榮。同時，在社會的集體活動中，發揚協作創造的精神，培育服務社會、造福人羣的人生觀，養成三民主義革命戰鬥的氣魄。如此，充裕的物質生活與豐富的精神生活，互相激盪，互相推進，國民教育之前途，必定日趨光明。

國民教育具備促進發展的社會條件後，其本身自必朝向正確的道路，作不斷的改進，才能達成偉大的社會任務。關於我國國民教育今後發展的路向，以篇幅所限，不能詳加剖析，祇作概略的敍述。

首先，就制度言，兒童教育與成人教育，爲國民教育的兩大巨輪，必須切實兼施並進，不容偏廢；此不特國民中小學如此，其他教育階梯，亦須大開教育之門，使一般成人與青年，均有繼續求知的機會，以達到教育的「眞平等」。至於義務性的國民教育，其修業年限，自應斟酌國家財力及社會實況，逐漸延長，蓋所謂「最低限度」的教育，並無固定不變的限度；大凡政治民主，經濟發達，文化水準較高的地區，國民受教的年限，亦必隨之延長。同時學前教育爲國民教育的基礎，必須使其普遍而合理的發展，以樹立國民教育的初基。

其次，就內容言，國民教育不是普通中小學教育，其目的不在準備升學，而以傳授生活必需之基本知識技能爲依歸。所以，今後的國民教育，應以三民主義革命建國的理論爲基礎，其教育內容，必須適應民衆的現實生活，切合社會的實際需要。國民教育並應生根於革命建國的政治教育、生產教育及民族精神教育；學問與勞動固須結合，科學與生產尤應聯繫。而整個的國民教育，應爲三民主義革命建國的精神所滲透。

再次，就方法言，基於「地位平等」、「人盡其才」的原則，國民教育應使受教者得有自由發展個性的機會；基於「實事求是」、「篤實踐履」的要求，國民教育必須與實際生活貫通，注重力行實踐；在實踐中養成自覺自動自治自律的精神，培育愛好自由生活、追求客觀眞理的氣魄。基於「協作創造」、「服務社會」的理想，國民教育必須以集團生活爲基礎，以集體學習爲手段，通過「教學做合一」和「互教共學」的各式各樣的活動，互相幫助，互相鼓勵，使每一國民均憑藉集體的力量，具有高度的警覺性和創造力，進而獲得充分的發展和最大的進步。

本書主要參考書目

1. M. Aso and I. Amano: Education and Japan's Modernization, 1972.
2. Robert Bell, Gerald Fowler and Ken Little (eds.): Education in Great Britain and Ireland, 1973, Chap. 20.
3. H. C. Dent: The Educational System of England and Wales, 1971, Chaps. 4–6.
4. W. R. Fraser: Education and Society in Modern France, 1973.
5. C. Führ and W. D. Hall (eds.): Educational Reform in the Federal Republic of Germany, 1970. pp. 49 57.
6. N. Grant: Soviet Education, 1972. Chap. 4.
7. W. D. Halls: Education, Culture and Politics in Modern France, 1976, Part Ⅲ.
8. Arthur Hearnden: Education, Culture and Politics in West Germany, 1976, Chap. 5.
9. Arthur Hearnden: Education in the Two Germanies, 1974.
10. Her Majesty's Stationery Office:Education in Britain, 1974, pp. 16–19.
11. Susan Jacoby: Inside Soviet Schools, 1974, Chaps. 4–5.
12. Ministry of Education, Japan: Basic Guidelines for the Reform of Education, 1972.
13. E. J. King: Society, Schools and Progress in the U. S. A., 1970.
14. Tetsuya Kobayashi: Society, Schools and Progress in Japan, 1976, Chap. 7.
15. Vernon Mallinson: An Introduction to the Study of Comparative Education, 4th ed. 1975, Chaps. IX-X.
16. Norman Newcombe: Europe at School, 1977, Chaps.. 2–3.

17. OECD: Germany, 1972, pp. 73-78.

18. OECD: Classification of Educational Systems-Finland, Germany and Japan, 1972, pp. 46-76.

19. F. G. Panachin and Others:Soviet Education, 1973.

20. H. M. Phillips: Basic Education, 1975, Part 2.

21. S. R. Rosen: Education and Modernization in the U.S.S.R., 1971.

22. U. S. Offiice of Education: Education in the United States of America, 1976.

23. 雷國鼎著：各國小學教育制度 正中書局

24. 雷國鼎著：歐美教育制度 教育文物出版社

25. 雷國鼎著：各國教育制度 三民書局

26. 雷國鼎編著：英法德意四國小學教育 復興書局

三民大學用書(六)

書名	著作人	任教學校
企業資訊系統設計	劉振漢	交通大學
COBOL 程式語言	許桂敏	工業技術學院
BASIC 程式語言	劉振漢 何鉦威	交通大學
FORTRAN 程式語言	劉振漢	交通大學
PRIME 計算機	劉振漢	交通大學
PDP—11 組合語言	劉振漢	交通大學
中國通史	林瑞翰	臺灣大學
中國現代史	李守孔	臺灣大學
中國近代史	李守孔	臺灣大學
黃河文明之光	姚大中	東吳大學
古代北西中國	姚大中	東吳大學
南方的奮起	姚大中	東吳大學
西洋現代史	李邁先	臺灣大學
英國史綱	許介鱗	臺灣大學
美洲地理	林鈞祥	師範大學
自然地理學	劉鴻喜	美國加州大學
非洲地理	劉鴻喜	美國加州大學
聚落地理學	胡振洲	中興大學
海事地理學	胡振洲	中興大學
經濟地理	陳伯中	臺灣大學
地形學綱要	劉鴻喜	美國加州大學
修辭學	黃慶萱	師範大學
中國文學概論	尹雪曼	文化大學
中國哲學史	勞思光	香港中文大學
中國哲學史	周世輔	政治大學
西洋哲學史	傅偉勳	臺灣大學
西洋哲學史話	鄔昆如	臺灣大學
邏輯	林正弘	臺灣大學
符號邏輯導論	何秀煌	香港中文大學
人生哲學	黎建球	輔仁大學
思想方法導論	何秀煌	香港中文大學
如何寫學術論文	宋楚瑜	臺灣大學
奇妙的聲音	鄭秀玲	師範大學

三民大學用書(五)

書名	著作人	任教學校
海關實務	張俊雄	東海大學
貿易貨物保險	周詠棠	交通大學
國際滙兌	林邦充	政治大學
信用狀理論與實務	蕭啓賢	中原理工學院
美國之外滙市場	于政長	
保險學	湯俊湘	中興大學
火災保險及海上保險	吳榮清	中國文化大學
商用英文	程振粵	臺灣大學
商用英文	張錦源	輔仁大學
國際行銷管理	許士軍	政治大學
市場學	王德馨	中興大學
線性代數	謝志雄	東吳大學
商用數學	薛昭雄	政治大學
商用微積分	何典恭	淡水工商
銀行會計	李兆萱 金桐林	臺灣大學
會計學	幸世間	臺灣大學
會計學	謝尚經	淡水工商
會計學	蔣友文	台灣大學
成本會計	洪國賜	淡水工商
成本會計	盛禮約	政治大學
政府會計	李增榮	政治大學
中級會計學	洪國賜	淡水工商
商業銀行實務	解宏賓	中興大學
財務報告分析	李祖培	中興大學
財務報表分析	洪國賜	淡水工商
審計學	殷文俊	政治大學
投資學	龔平邦	逢甲大學
財務管理	張春雄	政治大學
財務管理	黃柱權	政治大學
公司理財	黃柱權	政治大學
公司理財	劉佐人	前中興大學
統計學	柴松林	政治大學
統計學	劉南溟	前臺灣大學
推理統計學	張碧波	銘傳商專
商用統計學	顏月珠	臺灣大學
商用統計學	劉一忠	政治大學
資料處理	黃景彰 黃仁弘	交通大學

三民大學用書㈣

書名	著作人	任教學校
新聞傳播法規	張宗棟	中國文化大學
傳播研究方法總論	楊孝濚	東吳大學
廣播與電視	何貽謀	政治大學
電影原理與製作	梅長齡	中國文化大學
新聞學與大衆傳播學	鄭貞銘	文化大學
新聞採訪與編輯	鄭貞銘	文化大學
廣告學	顏伯勤	輔仁大學
中國新聞傳播史	賴光臨	政治大學
媒介實務	趙俊邁	
數理經濟分析	林大侯	臺灣大學
計量經濟學導論	林華德	臺灣大學
經濟學	陸民仁	臺灣大學
經濟政策	湯俊湘	中興大學
總體經濟學	鍾甦生	美國西雅圖銀行
個體經濟學	劉盛男	臺北商專
合作經濟概論	尹樹生	中興大學
農業經濟學	尹樹生	中興大學
西洋經濟思想史	林鐘雄	政治大學
凱因斯經濟學	趙鳳培	政治大學
工程經濟	陳寬仁	中正理工學院
國際經濟學	白俊男	東吳大學
國際經濟學	黃智輝	淡水工商
貨幣銀行學	白俊男	東吳大學
貨幣銀行學	何偉成	中正理工學院
貨幣銀行學	楊樹森	文化大學
商業銀行實務	解宏賓	中興大學
財政學	李厚高	中國文化大學
財政學	林華德	臺灣大學
財政學	魏萼	臺灣大學
財政學原理	魏萼	臺灣大學
國際貿易	李穎吾	臺灣大學
國際貿易實務	嵇惠民	中國文化大學
國際貿易實務	張錦源 林茂盛	輔仁大學 淡水工商
國際貿易實務概論	張錦源	輔仁大學
國際貿易實務附圖	嵇惠民	中國文化大學
英文貿易契約實務	張錦源	輔仁大學
貿易英文實務	張錦源	輔仁大學

三民大學用書㈢

書名	著作人	任教學校
管理新論	謝長宏	台灣大學
管理心理學	湯淑貞	成功大學
管理數學	謝志雄	東吳大學
人事管理	傅肅良	中國文化大學
考銓制度	傅肅良	中國文化大學
作業研究	林照雄	輔仁大學
作業研究	楊超然	臺灣大學
系統分析	陳進	前美國聖瑪麗大學
社會科學概論	薩孟武	台灣大學
社會學	龍冠海	臺灣大學
社會思想史	龍冠海	臺灣大學
社會思想史	龍冠海 張承漢	臺灣大學
都市社會學理論與應用	龍冠海	臺灣大學
社會學理論	蔡文輝	美國印第安那大學
社會福利行政	白秀雄	政治大學
勞工問題	陳國鈞	中興大學
社會政策與社會立法	陳國鈞	中興大學
社會工作	白秀雄	政治大學
文化人類學	陳國鈞	中興大學
普通教學法	方炳林	師範大學
各國教育制度	雷國鼎	師範大學
教育行政學	林文達	政治大學
教育社會學	陳奎憙	師範大學
教育心理學	胡秉正	政治大學
教育心理學	溫世頌	美國傑克遜州立大學
家庭教育	張振宇	中興大學
當代教育思潮	徐南號	師範大學
比較國民教育	雷國鼎	師範大學
中國教育史	胡美琦	中國文化大學
中國國民教育發展史	司琦	政治大學
中國體育發展史	吳文忠	師範大學
心理學	張春興 楊國樞	師範大學 臺灣大學
心理學	劉安彥	美國傑克遜州立大學
人事心理學	黃天中	中興大學
人事心理學	傅肅良	文化大學
新聞英文寫作	朱耀龍	中國文化大學

三民大學用書(二)

書名	著作人	任教學校
刑法特論	林山田	輔仁大學
刑事訴訟法論	胡開誠	臺灣大學
刑事政策	張甘妹	臺灣大學
强制執行法實用	汪禕成	前臺灣大學
監獄學	林紀東	臺灣大學
現代國際法	丘宏達	臺灣大學
平時國際法	蘇義雄	中興大學
國際私法	劉甲一	臺灣大學
破產法論	陳計男	東吳大學
國際私法新論	梅仲協	前臺灣大學
中國政治思想史	薩孟武	前臺灣大學
西洋政治思想史	薩孟武	臺灣大學
西洋政治思想史	張金鑑	政治大學
中國政治制度史	張金鑑	政治大學
政治學	曹伯森	陸軍官校
政治學	鄒文海	前政治大學
政治學概論	張金鑑	政治大學
政治學方法論	呂亞力	臺灣大學
公共政策概論	朱志宏	臺灣大學
中國社會政治史	薩孟武	臺灣大學
歐洲各國政府	張金鑑	政治大學
美國政府	張金鑑	政治大學
行政學	左潞生	中興大學
行政學	張潤書	政治大學
行政法	林紀東	臺灣大學
行政法之基礎理論	城仲模	中興大學
交通行政	劉承漢	交通大學
土地政策	王文甲	中興大學
現代管理學	龔平邦	成功大學
現代企業管理	龔平邦	成功大學
現代生產管理學	劉一忠	政治大學
生產管理	劉漢容	成功大學
企業政策	陳光華	交通大學
企業管理	蔣靜一	逢甲大學
企業管理	陳定國	台灣大學
企業組織與管理	盧宗漢	中興大學
組織行爲管理	龔平邦	成功大學

三民大學用書(一)

書名	著作人	任教學校
比較主義	張亞澐	政治大學
國父思想新論	周世輔	政治大學
國父思想要義	周世輔	政治大學
國父思想	周世輔	政治大學
最新六法全書	陶百川	監察委員
最新綜合六法全書	陶百川 王澤鑑	監察委員
憲法論	張知本	臺灣大學
中國憲法新論	薩孟武	臺灣大學
中華民國憲法論	管歐	東吳大學
中華民國憲法逐條釋義(四)	林紀東	臺灣大學
比較憲法	鄒文海	前政治大學
比較憲法	曾繁康	臺灣大學
比較監察制度	陶百川	監察委員
中國法制史	戴炎輝	臺灣大學
法學緒論	鄭玉波	臺灣大學
法學緒論	蔡蔭恩	中興大學
民法概要	董世芳	實踐家專
民法概要	鄭玉波	政治大學
民法總則	鄭玉波	臺灣大學
民法總則	何孝元	中興大學
民法債編總論	鄭玉波	臺灣大學
民法債編總論	何孝元	中興大學
民法物權	鄭玉波	臺灣大學
判解民法物權	劉春堂	輔仁大學
判解民法總則	劉春堂	輔仁大學
判解民法債篇通則	劉春堂	輔仁大學
民法親屬	陳棋炎	臺灣大學
民法繼承	陳棋炎	臺灣大學
公司法	鄭玉波	臺灣大學
公司法論	梁宇賢	中興大學
票據法	鄭玉波	臺灣大學
海商法	鄭玉波	臺灣大學
保險法論	鄭玉波	臺灣大學
商事法論	張國鍵	臺灣大學
商事法要論	梁宇賢	中興大學
刑法總論	蔡墩銘	臺灣大學
刑法各論	蔡墩銘	臺灣大學